Dr. Anna Martini
Sprechtechnik

Dr. Anna Martini

Sprechtechnik –

aktuelle Stimm-, Sprech- und Atemübungen

Der kleine Martini

mit Audio-CD

orell füssli Verlag AG

3. korr. Auflage 2008

www.ofv.ch

Fotografien: Amadeus Peters, Köln
CD-Covergrafik: Dr. Gisela Hinze, artemedia, Köln
CD-Sprecherin: Dr. Anna Martini, Köln
Druck: fgb • freiburger graphische betriebe, Freiburg i. Brsg.
Printed in Germany
ISBN: 978-3-280-05103-0

Bibliografische Information der Deutschen Bibliothek:
Die Deutsche Bibliothek verzeichnet diese Publikation in der
Deutschen Nationalbibliografie; detaillierte bibliografische Daten sind im Internet
abrufbar über: http://dnb.ddb.de

Inhaltsverzeichnis

Vorwort

Dieses Buch entstand aus dem Wunsch meiner Klienten nach einem «Kleinen Martini» mit zeitgemässen Übungstexten. Es ist das Resultat aus eigenen Kenntnissen und Erfahrungen, die ich im Lauf meiner Vortrags-, Seminar- und Konzertreisen als Coach, Rednerin und Sängerin machen konnte, und aus der Arbeit als Stimmtrainerin und Stimmtherapeutin mit meinen Klienten aus Wirtschaft, Fernsehen, Theater, Unterhaltungsmusik sowie meinen Stimmpatienten.

Alle waren immer wieder überrascht, welches stimmliche Potenzial in ihnen steckte und was wir mittels gezielter Stimm-, Resonanz- und Atemtechnik gemeinsam aus den Stimmen herausholen und erarbeiten konnten, auch bei kranken Stimmen. Und immer wieder erstaunte sie, in welchem Mass die Veränderung ihrer Stimme das tägliche Sprechen und die Rhetorik in wichtigen Gesprächen und in Verhandlungen beeinflusste.

Den stimmrhetorischen Gewinn und den Nutzen individueller und charakteristischer Stimmstärke im täglichen Umgang mit Kollegen, Mitarbeitern, Kunden, Zuhörern, Freunden und Familienangehörigen möchte keiner mehr missen.

Ob es sich um eine schwache Stimme, um Atemnot beim Sprechen, um undeutliches oder zu schnelles Sprechen, um schwachen stimmlichen Ausdruck, schwache Überzeugungskraft, Lampenfieber, Redeangst, mangelnde Vortragstechnik, mangelnde Verhandlungstechnik oder gar krankhafte Stimmschäden, versagende Stimmen, ständige Heiserkeit, Stimmbandknoten (Nodulus vocalis) oder Stimmbandspasmen (Spasmodische Disphonie) handelt – all das spielt nach meiner Methode keine Rolle.

Im vorliegenden Trainingsbuch wird eine ganzkörperliche, stimmaufbauende und stimmstärkende Technik, bei der stimmliche und rhetorische Schwächen beseitigt und Blockaden gelöst werden, vorgestellt. Die Übungssätze stammen aus dem Alltag meiner Klienten.

Danken möchte ich an dieser Stelle meinem Mann und meinen beiden Söhnen für ihre Geduld während der Entstehung dieses Buches. Danken möchte ich ihnen auch für ihr Engagement für meine Arbeit, ihre vielen Ideen und Vorschläge. Mein Dank gilt auch allen Klienten und Menschen, mit denen ich zusammenarbeiten durfte und weiter zusammenarbeite, für das Vertrauen, das sie mir bis heute entgegengebracht haben. In diesen Dank schließe ich einige insbesondere ein: Dr. Pari Lenhard und Dr. Günther Lenhard, die mich davon überzeugt haben, meine Kraft und Zeit voll der Stimme, der Vertiefung meiner stimmrhetorischen Technik und diesem Buch zu widmen. Danken möchte ich auch für ihren raschen und unkomplizierten Einsatz und ihre Unterstützung: Frau Dr. Unkel-Brösecke, Dr. Gisela Hinze, Isabell Schmidt und Amadeus Peters, aber auch Florestan Peters, der immer neue Zungenbrecher ausprobierte. Last but durchaus nicht least danke ich meinen Eltern – besonders meiner Mutter –, die an so manchen Tagen des Schreibens meine Kinder betreut und versorgt haben.

Köln, im März 2004 *Dr. Anna Martini*

Stimmt die Stimme?

Ihre Stimme ist Ihr wichtigstes Kommunikationsinstrument. Deshalb muss Ihre Stimme einfach in jeder Situation funktionieren. Atmung, Stimme, Sprache, Gestik und Mimik stützen und begleiten Ihre Worte und Ihre Aussagen. Stumme Atmung äußert sich in Körpersprache, tönende Atmung in Stimme, in Worten, Sätzen und ganzen Mitteilungen. Einer gut gestimmten Stimme hört man spontan gern zu. Eine charakteristisch klingende Stimme erkennen die Zuhörer sofort wieder.

Sind Sie dann auch noch in der Lage, ruhig, sicher und gut verständlich Ihre Anliegen vorzubringen, werden Ihnen Ihre Zuhörer das mit Aufmerksamkeit, Anerkennung und Kompetenzzuweisung danken.

Es ist unumgänglich, sich die Beziehungen zwischen Stimme, Sprache, Atmung, Körpersprache und dem, was man inhaltlich sagen möchte, zu vergegenwärtigen. Gekonnte Rhetorik allein genügt nicht, um stressfrei und souverän reden zu können. Die meisten Menschen trainieren lediglich ihre rhetorischen Fertigkeiten. Aber erst stimmliche Schwächen auszugleichen und Stimmstärke aufzubauen, macht einen Redner stark und geschickt in der rhetorischen Anwendung.

Damit Rhetorik greift und «ergreift», müssen Stimme, Artikulation, Atmung, Körperhaltung, Gestik und Mimik wie Zahnräder ineinander greifen. Wenn auch nur eine Teilfunktion gestört ist, gerät zwangsläufig die ganze Stimmfunktion ins Wanken.

Eine leistungsstarke Stimmfunktion und ein Stimmwohlklang sind dann nicht mehr möglich. Das rhetorisch Gewollte wird nicht erreicht. «Stimmunterfunktion» macht den Menschen aussageschwach und treibt ihn – noch schlimmer – bei starken Stimmschäden in die Isolation.

Wirken jedoch alle Teilfunktionen harmonisch zusammen, sind Sie in der Lage, Ihre «Stimme» souverän, geschickt und gut einzusetzen. Dann wird man Ihnen nicht nur gerne zuhören, sondern Sie auch sofort an Ihrer Stimme wiedererkennen. Sie erfahren außerdem, dass man Ihre Anweisungen befolgt, dass man willig Ihren Intentionen und Wünschen nachgibt und Ihnen entgegenkommt. Sie werden dann auch bemerken, dass «Stimme haben» gleichzusetzen ist mit «Macht haben».

Haben Sie das vorliegende Buch intensiv durchtrainiert, werden Sie sich derart auf Ihre Stimme stützen können, dass Sie sich ausschließlich Ihrem Anliegen widmen können. Ihre durch das Training zuverlässiger gewordene Stimme funktioniert dann einfach. Dadurch sind Sie in der glücklichen Lage, sich vollkommen auf den Inhalt Ihrer Rede und auf Ihr Publikum konzentrieren zu können. Auch nach Ihrem Vortrag werden Sie noch locker und gelassen sich an der Diskussion beteiligen können. Und selbst nach einem langen Arbeitstag wird Ihnen Ihre Stimme noch gehorchen.

Durch die damit von Ihnen erreichte Stimmsouveränität sind Sie fähig, mit intensiver Ausdruckskraft und Charisma vor Ihren Zuhörern zu sprechen. Der Funke kann von Ihnen auf Ihr Publikum überspringen. Die gewünschte positive Dynamik zwischen Redner und Zuhörerschaft kann sich entwickeln.

Spracherzeugung

Damit Sprache erklingen kann, muss zunächst einmal die Stimme funktionieren. Stimme ist in ihrer ureigensten Form nur durch Phona-tion, also durch Ton- beziehungsweise durch Stimmerzeugung möglich. Hierzu ist unsere Atmung Voraussetzung, denn ohne Luft können wir keine Töne, keine Laute erzeugen. Bei einem entstehenden Stimmklang handelt es sich zunächst schlichtweg um tönende Ausatmung: tönende Ausatmung sind: Sprechen, Singen, Rufen, Lachen, Weinen, Husten, Räuspern.

Bei der Spracherzeugung greifen Stimme und Atmung ineinander.

Die Stimme erklingt durch die Muskelreaktionen im Kehlkopf und mittels der durch die Luftröhre ausströmenden Luft. Die Stimme ist also primär von den biologischen Voraussetzungen abhängig. Dazu gehört zum einen die Atemfunktion, auf die wir im folgenden Kapitel eingehen werden. Zum anderen sind es die Funktionen der Stimmlippen, Stimmbänder, Resonanzräume und der anderen Artikulationsorgane, die zur Spracherzeugung geschickt ineinander greifen.

Der Mensch versetzt zur Spracherzeugung bei ausströmender Luft seine Stimmlippen in Schwingungen, wodurch zunächst nur ein Geräusch erzeugt wird. Kommt die Bewegung der Artikulationsorgane hinzu, entsteht Sprache. Für eine klare, gute, wohlklingende, leistungsstarke und ausdrucksvolle stimmliche Mitteilung ist folglich eine optimale zueinander in Beziehung gesetzte Stimm-, Artikulations- und Atemtechnik unerlässliche Voraussetzung.

Diesen idealen Zustand des Luftaustausches gilt es, gezielt zu fördern, damit der Redner stimmrhetorisch souverän auftreten kann. Besonders bei richtigem Sprechen ist zu erkennen, dass das gesteigerte Wohlbefinden des Redners unabhängig vom häufigen Atemholen ist. Richtiges Sprechen basiert auf einer gesunden Atmung, bei welcher sich der Atemrhythmus natürlich in unsere Sprache, in unsere Rhetorik und in unsere gesamte Kommunikation integriert.

Die Atmung

Atmung ist der Spiegel unseres Selbst. Atmen ist das Erste und das Letzte, was der Mensch in seinem Leben tut. Daher ist Atmung existenziell und ein Spiegel unseres Wohlbefindens und unserer Emotionen. Gleichzeitig ist unsere Atmung die Basis unserer Stimme, denn ohne die Atemluft könnten wir keinen Ton erzeugen. Zusätzlich könnten wir ohne die uns umgebende Luft keinen Ton wahrnehmen.

Atmung und tönende Ausatmung macht Sie für andere deutlich erkennbar und identifizierbar. Atmung äußert sich in Ihrer Stimme und in Ihrer Körpersprache. Die «tönende Ausatmung» erklingt durch unser Sprechen, Rufen, Lachen, Singen, Weinen, Husten, durch ein Sich räuspern oder ein Seufzen. Die «stumme Atmung» (wenn wir nichts sagen) äußert sich durch Gestik und Mimik und die Art, wie wir Luft holen: Sind der Atemrhythmus und der Atemfluss ruhig und sicher, ist der Stimmklang bei guter Artikulation angenehm und wohlklingend. Atmen wir dagegen flach oder hoch, atmen wir hektisch, oder sagen wir ständig «ähem», beeinträchtigt diese unzureichende Atemtätigkeit den Wohlklang der Stimme und die Verständlichkeit der Worte.

Gute Atmung ist die Basis einer guten Stimme

Atmung in ihrer praktischen Funktion

Ideale Atemfunktion wird bei idealer Haltung und idealer körperlicher Grundspannung erreicht. Bei gutem Stand oder einer guten Sitzposition ist die Wirbelsäule gestreckt. Dann dehnt die Lunge während der *Einatmung* den Brustkorb ein wenig seitlich und nur wenig nach vorn. Die größte Ausdehnung der Lungen erfolgt aber nach unten. Dabei zieht sich unsere Atemmuskel, das «Zwerchfell», auch Diaphragma genannt, zusammen.

Das Zwerchfell ist ein Muskel, kein Fell. Die alten Anatomen bezeichneten es so, weil es auf der Seite der Lunge mit einer zarten Schleimhaut umhüllt ist, die ständig etwas Flüssigkeit produziert, damit die Lunge während der Einatmung auf dem Zwerchfell gleiten kann und die unterhalb des Zwerchfells liegenden Organe ebenfalls gleiten können. Es verhält sich praktisch wie eine Scheide zwischen Brustkorb und Bauchhöhle.

Wie schon erwähnt, zieht sich der Zwerchfell-Muskel während der Einatmung zusammen und erreicht dadurch eine tiefe Position. Bedingt durch die Kontraktion des Muskels, baut sich die Zwerchfellspannung auf. Diese Spannung wird vielfach fälschlicherweise als Stütze bezeichnet. Vielmehr gilt es, diese Spannung möglichst lange zu halten beziehungsweise sehr dynamisch abzubauen, um einen ruhigen Atemfluss zu ermöglichen. Gleichzeitig werden durch diese tiefe und zusammengezogene Zwerchfellposition die unterhalb des Zwerchfells liegenden Eingeweide der Bauchhöhle zusammengedrückt. Dabei gibt die flexible und weiche Bauchdecke nach, und die Eingeweide schieben sich nach vorne. Folglich dehnt sich der Bauch während der Einatmung nach vorn aus, wobei er etwas dicker wird.

Einatmung – Bauch raus

Beim *Ausatmen* geht der Bauch wieder zurück, da sich das Zwerchfell entspannt. Es dehnt sich wieder nach oben aus und schiebt dabei die Lungen in die Ausatmungsposition zurück. Der normale Druck der Bauchmuskeln und die Spannung der etwas gedehnten elastischen Weichteile führen dazu, dass die Luft wieder entweicht.

Ausatmung – Bauch rein

Beim *Einatmen* zieht sich also das Zwerchfell zusammen und spannt sich. Während des Ausatmens lässt das Zwerchfell locker, es entspannt sich. Eine wohltrainierte Atemmuskulatur ist in der Lage, ideale Atemleistung durch ideale Muskelbewegung bei kürzestem Weg und geringst möglichem Kraftaufwand zu erreichen.

Die *Faustregel*, die sich hieraus ableiten lässt, heißt daher auch: Einatmung – Bauch raus – Ausatmung – Bauch rein. Auf diese Faustregel kommen wir gleich noch einmal im Zusammenhang mit dem Atemtraining zu sprechen.

Eine gute Körperhaltung wirkt positiv

Die Zwerchfellbewegung wird durch die Grundhaltung des Körpers, durch die Art, wie Sie stehen oder sitzen, bestimmt. Ist die gesamte Muskulatur während des Sitzens, Stehens oder Gehens straff, ist auch die Rückenmuskulatur straff. Folglich ist der Bauch nicht eingedrückt. Der Bauch kann damit auf jede Art der Zwerchfellbewegung reagieren. Hat die Bewegung des Bauches dagegen keinen Spielraum, wird auch die Zwerchfellbewegung eingeschränkt, was wiederum den Atemfluss beeinträchtigt. Dies ist der Grund, weshalb Sprecher, Vortragende und Sänger lieber im Stehen sprechen beziehungsweise singen. Doch auch im Sitzen lässt sich gut sprechen. Achten Sie im Sitzen stets darauf, dass der untere Teil Ihrer Wirbelsäule (Nieren-/Beckenbereich) aufgerichtet ist. Gute Haltung im untern Wirbelsäulenbereich hat ein Straffen der ganzen Wirbelsäule zur Folge. Gleichzeitig kann sich das Zwerchfell in dieser Sitzhaltung optimal bewegen.

Achtung: Ausweichfunktionen der Atembewegung wie beispielsweise das Hochziehen der Schultern während der Einatmung sind Anzeichen für Fehler und körperliche Schwächen! Sie widersprechen den natürlichen Grundbedürfnissen unseres Körpers. Es handelt sich dabei nicht um Ersatzfunktionen, sondern um Fehlfunktionen. Sie kommen unter anderem durch mangelhafte Haltung, Schwäche der Brustkorb- und Zwischenrippenmuskulatur, Zwerchfellschwäche und starke Emotionen zustande. Dabei wird der Brustkorb verengt, was sich in hochgezogenen Schultern und einem lang gestreckten Hals, einem Schwanenhals, häufig mit Rundrücken, sichtbar macht. Die Muskulatur, die oben am Brustkorb ansetzt, verspannt und verkürzt sich dabei. Häufig kommt dies in Stresssituationen vor, wo man beispielsweise die Schultern vor lauter Anspannung hochzieht. Bei dieser Art der Atmung, die wir als Hochatmung bezeichnen, wirken die Arme wie festgestellt. Auch der Stand wird unsicher, der Körper schwankt, der Redner fühlt sich halt- und hilflos. Ein natürlich fließender Atemstrom und wohlklingendes Sprechen sind dann nicht mehr möglich. Ebenso wird eine lebensbejahende Körpersprache verhindert.

Position des Zwerchfells

Einatmung

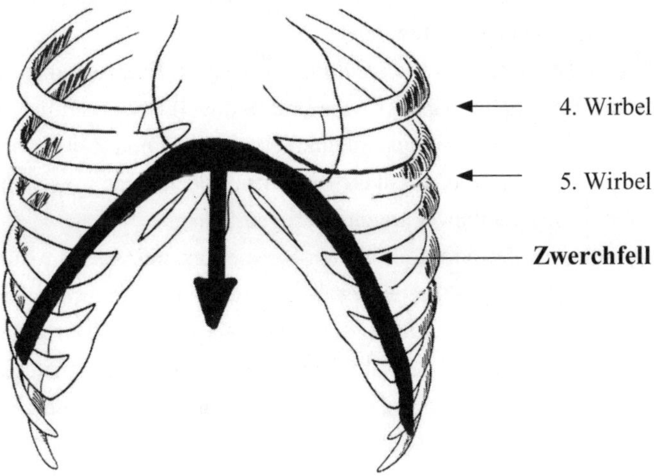

Ausatmung

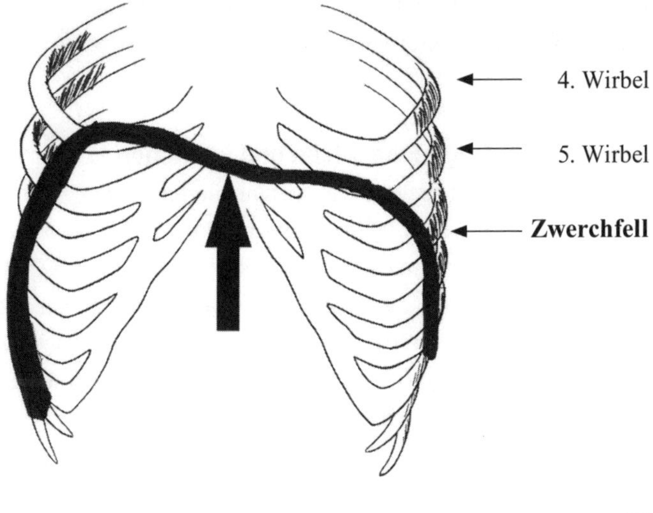

Atemübungen

Ideale Atemleistung wird durch optimale Muskelbewegung bei kürzestem Weg und geringstmöglichem Kraftaufwand erreicht. Doch wie erreichen Sie dieses Atem-Ziel?

Trainieren Sie täglich, intensiv und ausdauernd Ihre Atmung, bis Sie mit Ihrer Atemleistung zufrieden sind. Sinnvoll ist es, sich für die ersten zwei bis fünf Trainingseinheiten etwas Ruhe und Zeit zu nehmen. Schon bald spüren Sie, dass Ihr Körper beziehungsweise Ihre Muskulatur die Atembewegungen richtig ausführt.

Von diesem Zeitpunkt an sollten Sie die Zeit morgens im Auto an der roten Ampel, während der Wartezeiten auf Bahnhöfen und Flughäfen, in den Warteschlangen an den Kassen der Kaufhäuser und in ähnlichen Situationen für Ihre Atemübungen nutzen. Nebenbei werden Sie auch feststellen, dass Atemtraining stressreduzierende Wirkung hat. Sie werden dann gerne und wie selbstverständlich die eine oder andere Atemübung kurz vor einem wichtigen Gespräch oder während eines eskalierenden Geschäftsalltags anwenden.

Eine gute Atemfunktion ermöglicht Ihnen eine gute und sichere Atemführung. Dies ist sehr wichtig. Denn die Atemführung ist die Basis für einen guten Stimmton. Und ein guter Ton wiederum ist Garant für den Wohlklang Ihrer Sprechstimme.

Atemübungen im Liegen, im Sitzen und im Stehen

Trainieren Sie zuerst im Liegen. Die horizontale Lage ist günstig für ein Atemtraining, da Ihre gesamte Körpermuskulatur im Liegen entspannt ist. In der Regel treten störende Muskelverspannungen in der horizontalen Lage erst gar nicht auf. Selbst eine verspannte Schultermuskulatur entspannt sich relativ gut im Liegen. Auch übertriebenes Hochatmen, bei welchem die Schultern unnötig hochgezogen werden, wird durch entspanntes Liegen nahezu unterbunden.

Zum Atemtraining im Liegen strecken Sie Ihre Beine aus oder winkeln sie an, je nach dem, wie es Ihnen angenehm ist. Achten Sie darauf, dass Sie nicht im Hohlkreuz liegen. Sollte Ihnen der Hals nach hinten wegknicken, legen Sie sich eine Nackenrolle oder ein kleines Kopfkissen unter. Wichtig ist, dass Sie von einer angenehmen und entspannten Ausgangsposition ausgehen. Haben Sie ein sicheres Gefühl für die Atemübungen während des Trainings im Liegen entwickelt, gehen Sie zum nächsten Schritt, dem Atemtraining im Sitzen, im Stehen und später im Alltag über. Für die sitzenden und stehenden Positionen gilt dasselbe wie für alle Stimm-, Sprech- und Resonanzübungen. Sorgen Sie stets für eine aufrechte Körperhaltung, die vom unteren Rumpfbereich (Nieren-/Beckenbereich) ausgeht. Hierdurch findet die Wirbelsäule in eine aufrechte, natürliche Position. Der ganze Atemtrakt kann dann ungehindert funktionieren.

Sollten Sie sich bei den ersten Malen oder auch später im Sitzen oder Stehen unwohl oder verspannt fühlen, was gerne im Alltag oder mal nach einem stressigen Tag passiert, empfehle ich Ihnen eine einfache, höchst effektive Übung zur Entspannung der gesamten Körpermuskulatur vorzuschalten, die jederzeit und an jedem Ort ausgeführt werden kann. Spannen Sie für kurze Zeit Ihre gesamte Körpermuskulatur an, indem Sie die Hände zu Fäusten ballen und Ihre Zehen zusammenkrallen. Diesen Zustand halten Sie zirka 10 Sekunden aus, wobei Sie ruhig bis 10 zählen. Dann entspannen Sie wieder. Zählen wieder ruhig bis 10 und wiederholen diese Übung, insgesamt 3-mal. Nachher werden Sie sich entspannt fühlen und ein körperliches Wohlsein empfinden. Wenden Sie sich dann den Atemübungen zu:

Schritt 1

Beginnen Sie das Atemtraining immer mit der Ausatmung, damit keine überschüssige Luft in den Lungen ist. Überschüssige Luft führt nur zur Hyperventilation! Atmen Sie dazu kurz und kräftig auf «f …» aus, der Bauch wird hierbei flach, und atmen dann kurz auf «h …» ein. Der Bauch wird dabei dick.

Schritt 2

Nun folgt die eigentliche Übung entsprechend den nachstehenden Anleitungen.

Schritt 3

Kommen Sie an den Punkt, wo Sie meinen, nicht mehr genügend Ausatemluft zur Verfügung zu haben, beenden Sie jede Übung mit einer kurzen Einatmung auf einem stummen «h ...» und entspannen dann kurz, bevor Sie im Training weiter vorangehen.

Atemrhythmus

Zunächst wenden wir uns *der Stabilisierung unseres Atemrhythmus* zu. Hierzu trainieren wir mit den Übungen auf «p t k», auf «t lll ch» und auf «t d ch». Die Hörbeispiele dazu finden Sie auf der Audio-CD.

ptk **(Track 1)**

Sie legen sich – wie beschrieben – entspannt auf den Boden. Sie beginnen nun mit der Ausatmung auf «f», atmen dann kurz ein und setzen mit der aktiven Ausatmung auf einem stimmlosen «ppp» – kurz einatmen «ppp» und so weiter ein, wie im Folgenden aufgeführt. Jede Konsonantengruppe sprechen sie 6-mal.

– Ausatmen auf «f ...» – (und)

– einatmen und ausatmen auf ------ppp------(und)
– einatmen und ausatmen auf --- ---ttt-------(und)
– einatmen und ausatmen auf ----- kkk------(und)
– einatmen und ausatmen auf ------ptk------(und)
– einatmen – und ausatmen, entspannen!

Beherrschen Sie die Übung, so führen Sie diese im Sitzen und später ebenso im Stehen aus.

Auch die nächsten Übungen mit den Konsonanten *t lll ch* und auf *t d ch* dienen der Stabilisierung und Intensivierung Ihres Atemrhythmus. Führen Sie die Übungen je 3-mal in einem *langsamen Tempo* und je 3-mal in einem *schnelleren Tempo* aus.

t lll ch (nicht sch) **(Track 2)**

– Ausatmen auf «f …» – (und)

– einatmen, dann ausatmen auf – t lll ch (und)
– einatmen, dann ausatmen auf – t lll ch (und)
– einatmen – und ausatmen, entspannen!

t d ch (nicht sch) **(Track 3)**

– Ausatmen auf «f…» – (und)

– einatmen – t d ch (und)
– einatmen – t d ch (und)
– einatmen – und ausatmen, entspannen!

Ausdauertraining **(Track 4)**

Mit den folgenden Übungen trainieren Sie die Ausdauer Ihrer Atmung.

Sie liegen wieder entspannt auf dem Boden. Beginnen Sie mit der Ausatmung auf «f …» (Bauch rein), atmen dann kurz ein (Bauch raus) und setzen mit der aktiven Ausatmung auf «was», «das», «Fass» und so weiter aus. Sie atmen jeweils so lange auf «s» aus, bis Ihr Luftvorrat annähernd verbraucht ist.

– Ausatmen auf «f…» – (und)

– einatmen und ausatmen auf wasssssssssssssssssss … (und)
– einatmen und ausatmen auf dassssssssssssssssss … (und)

– einatmen und ausatmen auf Fassssssssssssssssss … (und)
– einatmen und ausatmen auf Kussssssssssssssssss … (und)
– einatmen und ausatmen auf Schlussssssssssssssss … (und)
– einatmen und ausatmen auf Nussssssssssssssssss … (und)
– einatmen und ausatmen auf Mussssssssssssssssss … (und)
– einatmen – und entspannen

Sollte ihnen die Übung für den Anfang zu schwer sein, so unterteilen Sie diese einfach: Trainieren Sie wie folgt:

– Ausatmen auf «f…» – (und)
– einatmen – wassssssssssssssssss … (und)
– einatmen – dassssssssssssssssss … (und)
– einatmen – Fassssssssssssssssss … (und)
– einatmen – und entspannen

– ausatmen – (und)
– einatmen – Kussssssssssssssssss … (und)
– einatmen – Schlusssssssssssssss … (und)
– einatmen – und entspannen

– ausatmen – (und)
– einatmen – Nussssssssssssssssss … (und)
– einatmen – Mussssssssssssssssss … (und)
– einatmen – und entspannen

Im fortgeschrittenen Stadium trainieren Sie selbstverständlich im Sitzen, später im Stehen.

Ausdauertraining mit der Stoppuhr (Track 5)

Wenn diese Übungen sehr gut funktionieren, nehmen Sie sich eine *Stoppuhr* und messen, wie lange sie ausatmen können. Sie liegen dazu entspannt und bequem auf dem Boden, atmen 3-mal kurz auf «f ...» aus und auf «h» wieder ein und atmen dann, so lange Sie können, mit einem zischenden «s ...» so lange wie nur möglich aus. Das Übungsende ist wieder durch kurzes Einatmen mit anschließender Entspannung gekennzeichnet, bevor Sie die Übung ein weiteres Mal trainieren.

Erfahrungsgemäß liegt die Ausatemdauer bei den ersten Malen bei 15 bis 20 Sekunden. Mit etwas Übung werden Sie sich nach und nach von 25 auf 30, 40, 45, 50 bis 60 Sekunden und, wenn Sie wollen, auch auf eine längere Ausatemspanne steigern. Sobald Sie in der Lage sind, 50 Sekunden und länger auf «s» auszuatmen, sollten Sie den nächsten Schritt unternehmen. Beginnen Sie mit dem Hecheln.

Hecheln (Track 6)

Das Hecheln ist ein sehr geeignetes Konditionstraining für eine gut funktionierende Atmung. Sie liegen dazu zunächst wieder entspannt auf dem Boden und beginnen bei offenem Mund mit der Ausatmung auf dem stimmlosen «h», gefolgt von der Einatmung bei offenem Mund. Der offene Mund erleichtert den Atemvorgang des Hechelns. Besonders Menschen, die es bislang gewohnt waren, nur mit dem oberen Brustkorb zu atmen, gelingt es bei geöffnetem Mund eher, ihr Zwerchfell zu aktivieren.

Dieses Aus- und Einatmen auf «h» setzen Sie so lange in einem ruhigen Tempo fort, bis Sie sich an den Rhythmus gewöhnt haben. Die obere Bauchdecke senkt sich bei der Ausatmung und hebt sich entsprechend bei der Einatmung – wie ein ganz einfacher Blasebalg, den man zum Aufblasen einer Luftmatratze benötigt (und gewöhnlich mit dem Fuß betätigt): Bei der «Ausatmung» strömt die Luft in die Luftmatratze, und der Blasebalg wird ganz flach. Zur «Einatmung» lässt man gewöhnlich den Fuß vom Blasebalg, und wie von selbst strömt wieder Luft in den Blasebalg. Durch die einströmende Luft hebt sich der Blasebalg in seine ursprüngliche «volle» Position zurück.

Sobald Sie sich in dem ruhigen Rhythmus sicher fühlen, beginnen Sie diesen zu steigern. Sie hecheln nun 3-Mal langsam und 5-mal schnell und immer so weiter im Wechsel. Fällt Ihnen der Wechsel leicht, beginnen Sie mit drei langsamen Hechelbewegungen und machen dann mit schnellen, aber gleichmäßigen Bewegungen weiter. Sie setzen dieses Training so lange fort, bis sich die Hechelbewegungen verselbständigt haben. Bald benötigen Sie die langsame Hechelbewegung allenfalls noch zum Einstieg in diese Atemübung. Sie werden sehen, dass Sie mit der Zeit leicht zwei Minuten und länger hecheln können.

Haben Sie genügend Zeit und Musse, können Sie Atem- und Stimmtraining parallel durchführen. Sie werden merken, dass die eine Übung die andere Übung und umgekehrt unterstützt, was fördernd wirken kann. Gehören Sie aber zu den Menschen, die lieber einen Schritt nach dem anderen machen oder, auch zeitbedingt, dieses Buch nach und nach durcharbeiten beziehungsweise «durchtrainieren» können, so ist dies für die Erreichung Ihres Zieles, klar, frei, sicher und wohlklingend zu sprechen, kein Hindernis.

Stimme und Sprache

Typische Stimmschwächen fallen vor allem bei Führungspersönlichkeiten, Rundfunk- und Fernsehsprechern, Politikern, Managern, Verkäufern, Trainern, auch Lehrern auf – Menschen also, die Vorträge halten, beruflich viel sprechen und Anweisungen geben müssen usw. Sie kommen alle häufig in die Situation, lauter oder länger sprechen zu müssen als geplant, vor großen und vor kleinen Gruppen, mit und ohne Mikrofon oder draußen auf öffentlichen Plätzen. Sie müssen gehört werden, sei es in einem großen oder in einem kleinen Raum, sei es, um Nebengeräusche zu übertönen. Rhetorisch sind die meisten dieser Redner in der Regel sehr gut geschult. Doch um gehört zu werden, forcieren viele Redner leider allzu schnell ihre Stimmen und werden dann kaum mehr verstanden.

Leider ist die irrige Meinung weit verbreitet, dass die Fähigkeit, beruflich und/oder öffentlich zu reden, nur mit Rhetorik zu tun habe, da das verständliche Sprechen jedem Menschen angeboren sei. Eine rhetorische Schulung hat aber äußerst wenig mit dem gezielten Stimmaufbau zu tun. «Der kleine Martini» bietet Ihnen die Grundlage für wohlklingendes, verständliches und leistungsstarkes Sprechen.

Stimmklang und Resonanzen

Die Arbeit am eigenen Stimmklang ist besonders wichtig. Stimmklang benötigt jedoch Resonanzräume. Hierzu gilt es, die eigenen Körperresonanzen zu aktivieren und den Umgang mit diesen Resonanzräumen zu trainieren. Dadurch wird Stimmwohlklang sowie der charakteristische eigene Stimm-Sound erreicht. Gleichzeitig schult dieses Training die Tragfähigkeit und die Klarheit Ihrer Stimme. Die Tragfähigkeit der Stimme ist dabei identisch mit deren Reichweite. Trägt Ihre Stimme bei gleichzeitig guter Artikulation weit, sind Sie spielend und anstrengungsfrei bis in die letzte Reihe des Vortragssaales zu hören und zu verstehen.

Der Begriff «Resonanz» stammt aus dem Lateinischen und bedeutet «widerhallen, widerschallen». Physikalisch gesehen lassen Schallwellen einen anderen Körper mitschwingen. Dadurch kommt es zu einer Klangverstärkung und zu einer für den Klangkörper charakteristischen Klangbildung. Würde man beispielsweise die Saiten einer Gitarre ohne den hölzernen Korpus der Gitarre anschlagen, so würde man kaum oder nur in unmittelbarer Nähe dieser Saiten einige Töne hören. Da jedoch die Luft die auf den Saiten erzeugten Schwingungen weiter in den Gitarrenkorpus trägt, beginnt auch der Holzkörper der Gitarre zu schwingen. Erst dadurch nehmen wir die so erzeugten Töne als typische Töne einer Gitarre wahr. Nur durch ihren Resonanzkorpus ist die Gitarre bis in die letzte Reihe eines großen Konzertsaales hörbar. Im übertragenen Sinne gilt dies ebenso für das Sprechen. Die durch Vibration erzeugten und durch Artikulation geprägten Schallwellen müssen in die körpereigenen Resonanzräume finden. Nur so wird Sprache klar, wohlklingend und tragfähig und als gutes und verständliches Sprechen wahrgenommen.

Die menschlichen Resonanzräume, welche den Stimmklang verstärken und Stimm- und Sprachcharakter typisch prägen, sind die Kopfresonanzen und die Brustresonanzen. Die Kopfresonanzen verstärken maßgeblich die Vokale. Zu den Resonanzräumen im Kopf gehören die paarig angelegten Nasennebenhöhlen und Stirnhöhlen sowie die unpaarige Keilbeinhöhle. Die Brustresonanzen werden im Wesentlichen durch das Mitschwingen der am Atemvorgang beteiligten Körperteile erzeugt.

Resonanzräume im Kopf

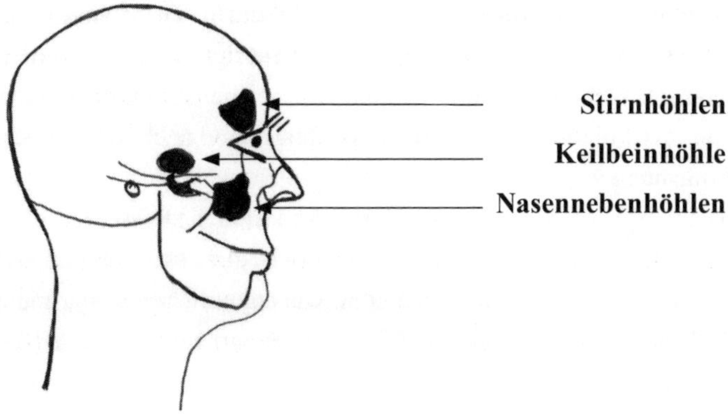

Spreche ich von Stimm- und Sprachklang, so bevorzuge ich statt Klang die Bezeichnung Sound. «Sound» bedeutet Klang, und «to sound» übersetzen wir mit ertönen, klingen oder erschallen. Man könnte Stimm-Sound auch schlicht mit Stimmklang übersetzen. Doch diese Übersetzung ist mir zu blass. Aus der Popmusik kennen wir den Begriff Sound und verbinden damit den typischen, unverkennbaren Klang einer Band oder eines Sängers. Sound im stimmrhetorischen Sinne bedeutet, die charakteristischen Eigenschaften einer Stimme so herauszuarbeiten, dass sie voll und in jeder rhetorischen Situation zur Geltung kommen. Dies können Sie mit den nachstehenden Übungen erreichen.

Ähnlich der Gitarre, müssen auch wir Menschen unsere körpereigenen Resonanzräume aktivieren, um über einen tragfähigen Ton und einen leistungsstarken, wohlklingenden und charakteristischen Stimm-Sound verfügen zu können. Dazu gilt es, die körpereigenen Resonanzräume bei gleichzeitigem Artikulationstraining zu aktivieren und zu trainieren.

Resonanzübungen

Beginnen Sie jeden Tag mit diesen Übungen. Diese Übungen sind gleichzeitig gute Aufwärmübungen. Sie beanspruchen behutsam die gesamte Muskulatur, die zum Sprechen benötigt wird. So werden während des Arbeitens die Atemmuskulatur, die Stimmmuskulatur und die Artikulationsmuskulatur vorsichtig, aber doch sehr gezielt aufgewärmt.

Bei den folgenden Resonanzübungen werden Sie feststellen, dass die Konsonanten dumpf klingen. Dies ist richtig! Lassen Sie sich von diesem dumpfen Klang nicht irritieren. Die eigentlichen Klangträger der Sprache sind die Vokale. Auf diese gehen wir im Kapitel Artikulation näher ein. Wenden wir uns zunächst den Resonanzübungen zu. Typische Resonanzübungen sind Übungen mit lang gehaltenen Konsonanten.

L-Übung **(Track 7)**

lllllllllllllllllllllllla, lllllllllllllllllllllllllllle, lllllllllllllllllllllllllo,
llllllllllllllllllllllllu, lllllllllllllllllllllllllllü, lllllllllllllllllllllllli.

Beim Sprechen des «l» berührt die leicht nach oben gewölbte Zungenspitze die Schneidezähne. Achtung: *Keinen* Druck ausüben!

Bild: L-Position

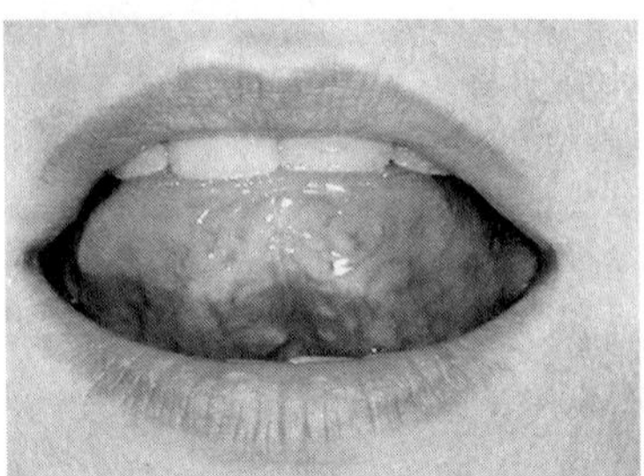

Erstrebenswerter Nebeneffekt: Führen Sie die «l» so lange aus, dass sich Ihr Oberbauch nach innen zieht und Sie anschließend wieder einatmen müssen (Bauch raus).

M-Übung (Track 8)

mmmmmmmmmmmma, mmmmmmmmmme, mmmmmmmmmo, mmmmmmmmmu, mmmmmmmmmü, mmmmmmmmmi.

Beim Sprechen des «m» liegen die Lippen locker aufeinander. *Achtung:* Die Lippen nicht gegeneinander pressen.

Bild: M-Position

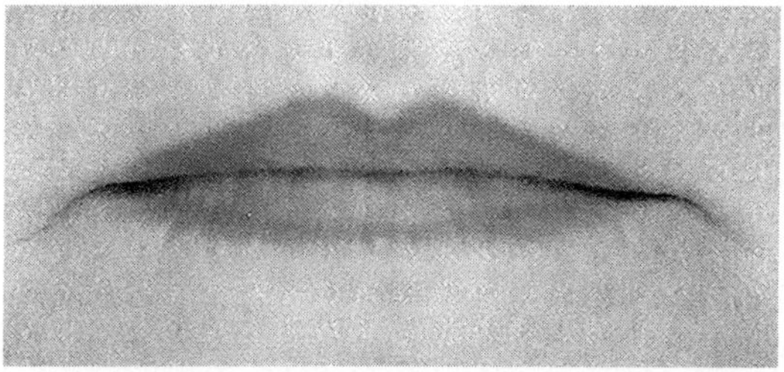

Erstrebenswerter Nebeneffekt: Führen Sie «m» so lange aus, dass sich Ihr Oberbauch nach innen zieht und Sie anschließend wieder einatmen müssen (Bauch raus).

N-Übung (Track 9)

nnnnnnnnnnnnnna, nnnnnnnnnnnnnne, nnnnnnnnnnnnnno, nnnnnnnnnnnnnu, nnnnnnnnnnnnnü, nnnnnnnnnnnnni.

Beim Sprechen des «n» berührt die Zungenspitze die Schneidezähne von unten her. *Achtung:* Keinen starken Druck ausüben!

Bild: N-Position

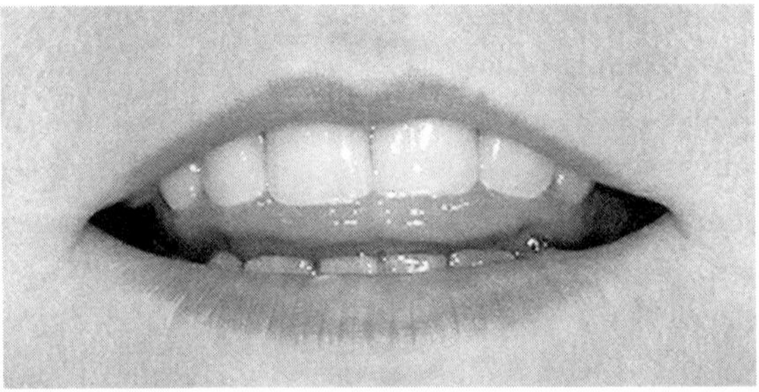

Erstrebenswerter Nebeneffekt: Führen Sie «n» so lange aus, dass sich Ihr Oberbauch nach innen zieht und Sie anschließend wieder einatmen müssen (Bauch raus).

W-Übung **(Track 10)**

wwwwwwwwwwwa, wwwwwwwwwwwwe, wwwwwwwwwwo, wwwwwwwwwwu, wwwwwwwwwü, wwwwwwwwwwi.

Beim Sprechen des «w» berühren die Schneidezähne leicht und von hinten die Unterlippe. *Achtung:* Nicht die Schneidezähne auf die Unterlippe legen!

Bild: W-Position

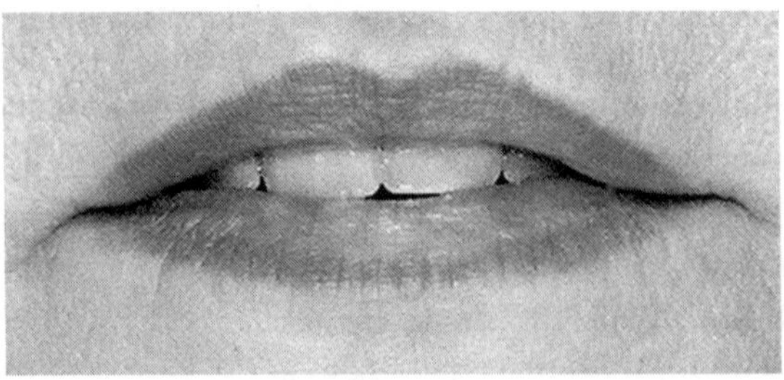

Sie werden bei diesen Übungen feststellen, wie die verschiedenen «körpereigenen Resonanzräume», also die Nasennebenhöhlen, die Stirnhöhlen, die Keilbeinhöhle und die Resonanzräume im oberen Brustkorb, zu vibrieren beginnen. Das sind Ihre spezifischen «Eigenresonanzen». Damit erzeugen Sie Ihren individuellen körpereigenen, typischen «Sound».

Das «l» spüren Sie überwiegend im Bereich der Stirnhöhlen; beim «m» nehmen Sie die Vibration überwiegend im Mundbereich (auch Kleinbeinhöhle) bei gleichzeitig feinem Vibrieren der locker aufeinander liegenden Lippen wahr; das «n» spüren Sie am stärksten in den Nasennebenhöhlen, und beim «w» vibrieren neben der Unterlippe die Resonanzräume im oberen Brustkorb.

Sie sollten im fortgeschrittenen Trainingsstadium stets spüren, dass bei all Ihren Resonanzübungen die Bauchdecke sanft nach innen gezogen wird. Gelingt dies einmal nicht, entspannen Sie, machen Sie eine kleine Pause. Danach beginnen Sie erneut ruhig und behutsam mit dem Resonieren der angeführten Konsonanten. Sie werden merken, dass sich der gewünschte Effekt alsbald einstellt.

Übung für Fortgeschrittene I:

Mmmmeine **Mmmm**uh**mmmm**e **Mmmm**ina Neu**mmm**ann, nah**mmm** in **Mmm**e**mmmm**ingen eine **Mmm**enge neuer **Mmmm**einungen an.

Üben Sie diesen Satz folgendermaßen: Legen Sie wiederum Ihre Lippen zur Artikulation des «m» locker aufeinander. Achtung! Pressen Sie nicht die Lippen zusammen, sonst erreicht man eine Verspannung der beteiligten Muskulatur. Bei einer verspannten Muskulatur kann aber der erzeugte Ton nicht klingen. Er würde dann gepresst oder gequetscht klingen. Trainieren Sie wieder mit langem «m» und «n», locker und leicht. Auch beim Sprechen des «n» berührt die Zungenspitze locker die Oberzähne.

Übung für Fortgeschrittene II:

Trainieren Sie mit langen «w»:

Wwwwir **Wwww**iener **Wwww**asch**wwww**eiber **wwww**ürden **wwww**eiße **Wwww**äsche **wwww**aschen, **wwww**enn **wwww**ir **wwww**üssten, **wwww**o **wwww**armes, **wwww**eiches **Www-w**asch**wwww**asser **www**är.

Wieder gilt das Gesetz der natürlichen Grundspannung. Dies bedeutet, dass jegliche noch so gut gemeinte übertriebene Lippenposition unterlassen werden muss. Bei der Übung des «w» berühren die Schneidezähne locker die Unterlippe.

Übung für Fortgeschrittene III:

Für Fortgeschrittene sind Übungen mit wechselnder Konsonatenfolge besonders effektiv. Hierbei gilt immer wieder die ganze Aufmerksamkeit den einzelnen Konsonanten. Die wechselnden Konsonanten sollten übertrieben lange gesprochen werden. Im fortgeschrittenen Trainingszustand ist die Atmung bereits so sicher, dass sich während des Resonanztrainings ein natürlicher Atemrhythmus einstellt.

Geeignete Übungen sind: **Zum Sehen geboren** *(Johann Wolfgang Goethe),* **Belsatzar** *(Heinrich Heine),* **Mumeräle hatte einen Garten** *(mündl. überliefert),* **Dunkel war's, der Mond schien helle** *(mündl. überliefert).* Sie finden diese Texte ausführlich im Anhang.

Wichtig: Dieses Wecken und Hervorheben des Stimm-Sounds geschieht zunächst über die Bewusstwerdung und über das Wecken der eigenen menschlichen Resonanzräume mit Hilfe der Konsonanten. Gleichzeitig stabilisiert man während des Trainierens der Konsonanten indirekt den eigenen Atemrhythmus. Daher können wir nun ruhig und gelassen zum nächsten Schritt, zum Trainieren der Vokale, ansetzen.

Die Artikulation

Der Begriff «Artikulation» ist lateinischen Ursprungs. Er geht auf «articulatim» zurück, was «stückweise, gliedweise, klar und übersichtlich» bedeutet. Wenn ein Mensch einen Laut artikuliert, macht er mit seinen Sprechwerkzeugen (Lippen, Zunge, weicher Gaumen) Bewegungen und bildet dadurch bestimmte Positionen. Formen Sie mit Ihren Lippen ein «i», so sind Ihre Lippen leicht geöffnet und gleichzeitig leicht in die Breite gezogen. Ihre Zunge stößt dabei hinten an den weichen Gaumen und vorn mit der Zungenspitze an die Zähne im Unterkiefer. Formen Sie dagegen mit Ihren Lippen ein «a», so ist Ihr Mund weit geöffnet, und die Lippen sind nicht mehr in die Breite gezogen. Die Zunge liegt nun tief im Unterkiefer, berührt den Gaumen nicht mehr und kommt auch kaum noch an die Vorderzähne. Durch die während des Positionierungsvorgangs ausströmende Luft kommt es dann zur Lautbildung.

Die Vokale klingen während der Lautbildung ganz wie von selbst. Sie werden entsprechend ihrer Bedeutung daher als «Selbstlaute» definiert. Man könnte sie auch als Selbstklinger bezeichnen, da sie im Gegensatz zu den Konsonanten ohne Hilfe eines anderen Buchstaben klingen. Die Konsonanten kommen erst – wie ihr namentlicher Ursprung «consonare = mitklingen» andeutet – durch die Vokale zur klanglichen Entfaltung. Konsonanten müssen mit einem Vokal im Zusammenhang gesprochen werden, mit einem Vokal mitklingen.

Machen wir uns daher bewusst, dass die Vokale unsere «Soundträger» sind und zum Wohlklang unseres Sprechens beitragen. Richtig klingen die Vokale, sobald der Sprecher seinen für ihn typischen und individuellen Resonanzbereich gefunden hat. Ferner hat jeder Mensch seinen eigenen spezifischen Stimm- und Sprach-Sound. Dieses Wecken und Aktivieren des Individual-Sounds ist intensivste Klangarbeit am Vokalausgleich von offenen und von geschlossenen Vokalen, an Vokalen in vorderer und in hinterer Position und deren Beziehung zueinander.

Gleicht man die unterschiedlichen Positionen nicht aus, werden Stimm- und Sprach-Sound erheblich beeinträchtigt. Es können sogar Klanglöcher entstehen, die der Zuhörer häufig als «verschluckte oder genuschelte Vokale» wahrnimmt. Der Beispielsatz «Lilli, lass das!» stellt die Gegensätzlichkeit der Vokalpositionen sehr klar dar. Das «i» von «Lilli» nimmt die vordere, helle Klangposition ein. Das «a» von «lass das!» nimmt dagegen einen deutlich dunkleren Stimmklang, die a-typische hintere Sprechposition ein. Ähnlich verhält es sich bei den Worten «Kitty» (vordere Position) und «Kuckuck» (hintere Position).

Vordere Position	**Hintere Position**
Lilli,	lass das!
Kitty	Kuckuck

Die Art und Weise, wie die Artikulationsbewegung erfolgt, hat durchaus Einfluss auf Klang und Ausdrucksgehalt der Stimme, so dass man in diesem Zusammenhang auch von Laut- und Stimmbildung spricht. Je präziser die Bewegung ist, umso deutlicher und verständlicher ist die daraus resultierende Aussage. Artikulation bedeutet daher: klare, deutliche und harmonische Bewegung der Sprechwerkzeuge während der Laut- und Wortbildung.

Ist die Artikulationsbewegung zu groß oder zu klein, wird der Artikulationsraum, die Mundhöhle, unnötig weit geöffnet oder geschlossen. Dies führt unwillkürlich zu einer unklaren Aussprache. Auch leidet der Stimmklang unter solch einer mangelnden Koordination der Artikulationsorgane, weil ein gleichmäßiger Luftstrom unmöglich wird. Der Klang des gesprochenen Wortes wirkt dadurch unnatürlich.

Artikulation hat mit dem Trainieren der Muskulatur von Zunge, Lippen und Gaumensegel (weicher Gaumen mit Zäpfchen) zu tun. Artikulation wird über Artikulationsgymnastik ermöglicht, einem spielerischen Trainieren des Mundes nach festen Artikulationsregeln.

Von der Artikulation zur Aussprache

Artikulation und das gesprochene Wort stehen im gleichen Verhältnis zueinander wie beispielsweise Gesangstraining und Musicalsong oder wie Pflichtteil und Kür.

Gutes Sprechen bedeutet, dass kleinstmögliche Artikulationsbewegungen auf kleinstmöglichem Raum bei gleichzeitig möglichst gleichmäßig ausströmender Luft zu Silben und Buchstaben, zu Worten und ganzen Sätzen geschmeidig miteinander verbunden werden.

Artikulation ist kleinstmögliche
Bewegung auf kleinstmöglichem Raum.

Bei diesem Training findet eine Lockerungsarbeit mit häufig völlig übertriebener Artikulation statt, die das eigentliche Ziel, nämlich die kleinstmögliche Zweckbewegung beim Sprechen, als Endform der Artikulation zur Folge hat. Diese kleinstmögliche Zweckbewegung während des Sprechens ist notwendig, um den entstehenden Ton möglichst wenig zu hemmen, sprich: zu dämpfen.

Jeder Vokal und jeder Konsonant hat dabei seine individuelle Artikulationsposition. Zum einen trainieren und vervollkommnen Sie den eigenen Stimm-Sound während unterschiedlicher Artikulationspositionen; zum anderen trainieren Sie den Ausgleich der Silben während der Veränderung von Tonintensität und Tonhöhe wie die Artikulationsgeläufigkeit. Sie erarbeiten sich so die Fähigkeit, gut, deutlich und dennoch ganz natürlich während des Sprechens zu artikulieren.

Artikulationsübungen

Bevor wir uns dem Training am ganzen Text zuwenden, trainieren wir die Artikulation zunächst durch Geläufigkeitsübungen. Die Artikulationsmuskulatur wird dabei aufgewärmt und geschmeidig beziehungsweise beweglich, um im Endeffekt auf kleinstmöglichem Raum optimal artikulieren zu können.

Üben Sie je 3-mal.

Bi-Übung **(Track 11)**

Bi bi bi bi,
be be be be,
bo bo bo bo,
bu bu bu bu,
ba ba ba ba.

Bli ble blo blu bla – Bli ble blo blu bla – Bli ble blo blu bla, …

Mi-Übung **(Track 12)**

Mi mi mi mi,
me me me me,
mo mo mo mo,
mu mu mu mu,
ma ma ma ma.

Mi me mo mu ma – Mi me mo mu ma – Mi me mo mu ma, …

Ni-Übung **(Track 13)**

Ni ni ni ni,
ne ne ne ne,
no no no no,
nu nu nu nu,
na na na na.

Ni ne no nu na – Ni ne no nu na – Ni ne no nu na, …

Wi-Übung **(Track 14)**

Wi wi wi wi,
we we we we,
wo wo wo wo,
wu wu wu wu,
wa wa wa wa.

Wi we wo wu wa – Wi we wo wu wa – Wi we wo wu wa, …

Li-Übung **(Track 15)**

Li li li li,
le le le le,
lo lo lo lo,
lu lu lu lu,
la la la la.
Li le lo lu la – Li le lo lu la – Li le lo lu la, …

Fazit: Artikulationsübungen dienen der Geläufigkeit des Sprechens, dem Positionieren von Vokalen und Konsonanten sowie dem Aufwärmen unserer Artikulationsmuskulatur.

Die Intonation der Stimme

Gestatten Sie einen kleinen Exkurs in die Welt des Märchens: … Da ging der Wolf fort zu einem Krämer und kaufte sich ein großes Stück Kreide; die aß er und machte damit seine Stimme fein. Dann kam er zurück, klopfte an die Haustür und rief: «Macht auf, ihr lieben Kinder, eure Mutter ist da und hat jedem von euch etwas mitgebracht!» (Der Wolf und die sieben Geißlein; Gebrüder Grimm) … Den Ausgang der Geschichte kennen Sie.

Sinnbildlich führt uns dieses Märchen vor Augen, was ein Redner bewirken kann, wenn er seine Stimme unabhängig von seiner aktuellen Grundbefindlichkeit gut gestimmt, situationsgemäß und zielorientiert einzusetzen vermag. Allerdings wird die gute Intonation der menschlichen Sprechstimme nicht mit Kreide bewirkt. Leider ist das Phänomen der stimmlichen Intonation noch nicht hinreichend wissenschaftlich belegbar. Doch so viel steht fest: Während des Sprechens gleitet der Stimmton. Im Gegensatz dazu wird der Stimmton beim Singen durch Tonschritte definiert. Auch ist mittlerweile hinreichend bekannt, dass das Erreichen der körpereigenen Resonanzen den Stimmton deutlich mitprägt; ein Nichterreichen dieser Resonanzräume den Stimmklang wesentlich beeinträchtigt.

Weiter kann vereinfacht gesagt werden, dass sich dieser gleitende Stimmton während des Sprechens und die Artikulationsbewegungen gegenseitig beeinträchtigen. Denn bei der sich ständig ändernden Tonhöhe werden gleichzeitig die Spannungsverhältnisse der sich im Kehlkopf befindenden Stimmlippen (der Volksmund bezeichnet Stimmlippen als Stimmbänder) verändert. Dieses wirkt sich wiederum auf die Artikulationsfertigkeit und ebenfalls auf den Stimmklang aus.

Gleichzeitig gilt es, auf den Ausgleich der Stimmregister zu achten. Sicherlich haben Sie schon hier und da gehört, dass man vom Kopfregister, vom Mittelregister und vom Brustregister spricht. Die Register verdeutlichen, welcher Resonanzbereich während des Sprechens (des Singens) aktuell besonders angesprochen wird. Dem Kopfregister ordnet man dabei die ganz hohen Töne zu, dem Mittelregister jene zwischen den hohen und den tiefen Tönen. Dem Brustregister ordnet man die ganz tiefen Töne zu. Doch diesen Unterschied zwischen den Registern gilt es ebenfalls, aus- beziehungsweise anzugleichen, damit der Redner auch bei extremen Belastungen weiterhin in der Lage ist, klar und wohlklingend zu sprechen. Dies ist besonders wichtig, da schon allein in einem Zustand von Aufregung die körperliche Grundspannung natürlich ansteigt. Greift man in einem solchen Zustand nicht regulierend in den Stimmton ein, klingt die Stimme schnell zu hoch oder keifend, sie läuft einem weg, oder man nuschelt beziehungsweise verspricht sich ständig usw. Auch kann die Stimme in einem Zustand von Verärgerung und/oder Anspannung leicht rau und kratzig oder genervt usw. klingen.

Im Alltag begegnen wir häufig stimmlichen Herausforderungen. Nach einem ärgerlichen Telefonat müssen Sie beispielsweise eine Mitarbeiterkonferenz leiten oder eine Rede halten. Treten Sie mit dem Ärger aufgrund des zuvor geführten Telefonates vor das Auditorium, werden Sie mit größter Wahrscheinlichkeit auf Ablehnung und Missachtung stoßen. Sprechen Sie dagegen sachlich, klar und mit überzeugender Stimme zu den Zuhörern, wird man Ihnen Aufmerksamkeit und Anerkennung zollen. Folglich gilt es, gut intoniert zu sein, um wirkungsvoll sprechen zu können.

Gut intonieren bedeutet für den Sprecher, Silben, Wörter und ganze Aussagen während des Sprechvorgangs bezüglich ihres Klanges und ihrer Tonintensität, Tonhöhe wie Lautstärke, auszugleichen beziehungsweise klanglich aneinander zu halten. Der Sprecher muss während des Artikulationsvorgangs gleichzeitig auf den Ausgleich der Stimmregister achten, damit er seine Sprechposition nicht verliert. Gleichzeitig sollte er jederzeit in der Lage sein, laut oder leise sprechen zu können, um Freundlichkeit, Ärger, Wut oder Überzeugung und Glaubwürdigkeit mittels seiner Stimme transferieren zu können. Gute Intonation erreicht man über spezielle Übungen zur Positionierung der Stimme während des Vokalaustauschs.

Übungen zur Artikulation und Positionierung der Stimme

Sprechen Sie jede Übung 3-mal, wobei Sie die jeweiligen Konsonanten nicht zu kurz halten. Dagegen sollen Sie die Vokale sehr lang halten und sehr deutlich artikulieren.

Sie atmen zunächst wie gewohnt auf «f» aus, atmen ein und beginnen mit der Übung.

Achtung: Keine zu übertriebene Artikulationsposition aufbauen, damit es zu keinen Fehlspannungen kommt.

Erstrebenswerter Nebeneffekt: Es kann während des Übens passieren, dass Sie in eine Art «Singsang» hineinrutschen. Das heißt, dass Sie die Übung sprechen, als würden Sie auf einem Ton singen. Die sich dabei ergebende Tonhöhe liegt leicht über der Tonhöhe Ihrer Sprechstimme. Dieser Effekt ist wünschenswert und wird sich bei intensivem Üben alsbald einstellen.

(Track 16)

Mmiiiiiiiii**mm**eeeeeeeee**mm**oooooooo**mm**uuuuuuuuuu**mm**aaaaaaaaa
Nniiiiiiiiii**nn**eeeeeeeeeee**nn**ooooooooooo**nn**uuuuuuuuuuu**nn**aaaaaaaaaa
Wwiiiiiiiiii**ww**eeeeeeeeee**ww**oooooooooo**ww**uuuuuuuuuu**ww**aaaaaaaaaa
Lliiiiiiiiiii**ll**eeeeeeeeee**ll**ooooooooooo**ll**uuuuuuuuuuuu**ll**aaaaaaaaaaaa

Sprechen Sie folgenden Satz:

L**iiiiiiiiii**rum l**aaaaaaaaaa**rum L**öööööö**ffelst**iiiii**el
aaaaaaaaaalte W**eieiei**ber **eeeeeeeeeee**ssen v**iiiii**el.

Positionierungsübungen für Fortgeschrittene:

Hierbei sollen Sie alle Vokale auf einer Ihnen angenehmen Tonhöhe sprechen. Dies klingt wieder recht monoton. Doch Sie werden bemerken, dass es zunächst gar nicht so einfach ist, bei Vokalwechsel den sich bildenden Klang (Sound) beizubehalten.

Üben Sie in der angegebenen Reihenfolge:

1. Iiiiii – eeeeee – oooooo – uuuuuu – aaaaaa
2. Iiiiii – eeeeee – aaaaaa – oooooo – uuuuuu
3. Aaaaaa – eeeeee – iiiiii – oooooo – uuuuuu

Fällt Ihnen das «a» leichter, so ändern Sie die Anordnung der Übung und arbeiten in der Folge 3. – 2. – 1.

4. Iiiiii – eeeeee – ääääää – aaaaaa – oooooo – öööööö – üüüüüü – uuuuuu
5. Uuuuuu – üüüüüü – öööööö – oooooo – aaaaaa – ääääää – eeeeee – iiiiii

Variieren Sie bei den Vokalübungen 4. und 5. die Reihenfolge. Trainieren Sie zunächst in der Anordnung Übung 4. und 5. und dann umgekehrt.

Zum Schluss üben Sie lange Vokale in beliebiger Reihenfolge. Achten Sie dabei stets auf vollen Klangausgleich, indem Sie die Artikulationsbewegung bei Vokalwechsel zunächst langsam ausführen. Nach und nach werden Sie sicher in der Artikulation und werden den Wechsel immer selbstverständlicher und rascher ausführen.

Stimmkorrektur lohnt sich

Trainieren Sie Ihre Stimme und Ihre stimmlichen Funktionen, wenn sich herausgestellt hat, dass Sie etwas verändern möchten oder dass allein rhetorische Regeln nicht zum gewünschten Erfolg führen. Mit einem gut durchdachten und individuell zugeschnittenen Stimmtraining stärken Sie Ihre Stimme und Ihre Aussagekraft. Natürliche Stimm- und Atemführung wird Ihnen zur Routine. Nutzen Sie die Übungen und Anleitungen dieses Buches. Stellen Sie sich Ihr individuelles Trainingsprogramm zusammen. Dabei ist es sinnvoll, entsprechend dem Buch vorzugehen. Beginnen Sie mit den Atemübungen, gefolgt von Resonanzübungen, Artikulationsübungen und Positionierungsübungen, bevor Sie sich den Übungstexten und Zungenbrechern näher zuwenden. Auch wenn Sie vielleicht zu Beginn Ihres Sprechtrainings schwerpunktmäßig sich mal mehr den Atemübungen, dann mal mehr den Resonanzübungen usw. zuwenden, werden Sie bald täglich in der soeben angeführten Reihenfolge trainieren. Beherrschen Sie erst einmal die einzelnen Übungen, sind Sie alsbald in der Lage, die Übungen unabhängig voneinander und entsprechend der jeweiligen Situation in Ihren Alltag zu integrieren und zu trainieren.

Die beiliegende Audio-CD gibt gute Hilfestellung und erlaubt Ihnen, Ihr Stimmtraining auf dem Weg zum Büro, während der Arbeit im Bastelkeller oder während der Hausarbeit auszuführen.

Ihre Stimme wird Auslöser Ihrer Selbstmotivation

Eine Stimme, die funktioniert und ganz natürlich durch eine ruhig fließende Atmung gestützt wird, ist ein Wundermittel gegen Stress, Hektik, Überforderung und Frust. Indem Sie Ihre Stimme und Ihre Atmung beherrschen lernen, entspannen Sie Ihren Körper. Das Gefühl der stimmlichen Ohnmacht und Überforderung schwindet mit stetigem Sprechtraining und systematischem stimmlichem Aufbau. Hierdurch steigern Sie die eigene Konzentrations- und

Leistungsfähigkeit, da Sie alsbald in der Lage sein werden, sich auf das Wesentliche in Ihren Gesprächen oder Präsentationen zu konzentrieren. Gleichzeitig werden Sie eigenständig erfahren, wie Sie sich in kritischen Gesprächssituationen behaupten können. Die Stimme gibt Ihnen das Gefühl zurück, Situationen und das Leben wieder «im Griff», wieder unter Kontrolle zu haben. Sie werden in wichtigen Berufs- und Alltagssituationen ruhig, sicher, überzeugend und wirkungsvoll Ihre Meinung aussprechen. Dadurch werden Sie zu weiteren Höchstleistungen motiviert, was ich mit dem persönlichen Zitat eines Klienten unterstreichen möchte: *«Die Freude am Sprechen wurde und wird immer stärker. Dadurch steigerte sich automatisch meine Motivationsleistung …»*

Mehrdimensionale Stimmanalyse

Vielleicht möchten Sie, nachdem Sie bis hierhin vorgedrungen sind, gerne wissen, wie Sie sich selbst einschätzen und wie andere Ihr Sprechen wahrnehmen. Vielleicht haben Sie aber auch schon mit dem Buch gearbeitet und ein gutes Sprechniveau erreicht, welches Sie nun erneut fixieren möchten. Ebenso ist es sinnvoll, eine zeitlich zurückliegende Analyse mit einer aktuellen Analyse zu vergleichen, um sich die eigenen Fortschritte wirkungsvollen Sprechens zu vergegenwärtigen.

Eventuell werden Ihnen durch einen solchen Analysenvergleich besondere Aspekte bewusst, die es dann gilt, nochmals oder intensiver zu bearbeiten, sei es um Stärken noch mehr hervorzuheben, sei es um Schwächen zu stärken.

Die vorliegende «Mehrdimensionale Stimmanalyse» hat sich als probates Instrument erwiesen, durch welches Sie sich ein klares persönliches Bild von Ihrer Stimme machen können. Um Ihre Stimme beurteilen zu können, müssen Sie sich zunächst folgender Eigenschaften bewusst werden. Bitte nehmen Sie deshalb einen Stift und füllen den nachstehenden Test aus.

Die Stimme, der Stimmklang, die Sprache und die Aussprache sind:

	schwach		unauffällig			ausgeprägt	
	0	1	2	3	4	5	6
angenehm							
wohlklingend							
monoton							
gereizt							
gierig							
laut							
leise							
matt							
klar							
deutlich							
überzeugend							
schlagkräftig							
ruhig							
hektisch							
zögernd							
sanft							
rau							
poltrig							
kratzig							
kehlig							
flattert							
heiser							
kickst weg							
klingt überanstrengt							
klingt erkältet							
Stimme bricht weg							
gerät ins Stocken							
Stimme versagt							

verschluckt Silben							
Klanglöcher							
Füllwörter (z. B. «ähm»)							
räuspert sich ständig							
Sprachmelodie							
Sprechpausen							
Atempausen							
kurzatmig							
langsames Redetempo							
schnelles Redetempo							
zuhörerorientiert							
Körperhaltung							
Raumwahrnehmung							
Raumverhalten							

Sind Ihnen sonstige Stimm- und Redeeigenschaften aufgefallen? Gibt es etwas, was Ihnen gut oder besonders gut gefallen hat? Gibt es etwas, was Ihnen weniger gut oder überhaupt nicht gefallen hat? Gibt es Stärken oder Schwächen, denen Sie besondere Aufmerksamkeit zuwenden möchten?

....

....

....

Nachdem Sie sich nun ein eigenes Bild über Ihre Stimme gemacht haben, können Sie die Wirkung Ihrer Stimme auf andere Menschen erfragen. Lassen Sie Freunde oder andere Ihnen nahe stehende Menschen diesen Fragebogen beantworten. Denn positive Stimmkorrektur hat eine gute Wirkung auf Sie selbst und auf Ihre Mitmenschen.

Du sprichst, wie du bist!
Du wirkst, wie du sprichst!

Mehrdimensionale Atemanalyse

Da die Stimme und Sprache nicht ohne Atmung erzeugt werden kann, sollten Sie auch Ihre Atemfertigkeit überprüfen.

Die vorliegende «Mehrdimensionale Atemanalyse» hat sich in Verbindung mit der «Mehrdimensionalen Stimmanalyse» als sinnvoll erwiesen. Sie können sich dadurch nicht nur ein klares Bild von Ihrer Atmung machen. Sie wissen auch aufgrund des Ergebnisses, wie intensiv Sie das Atemtraining betreiben müssen. Gleichzeitig erfahren Sie, ob und inwiefern Sie Ihre Atmung korrigieren sollten. Daher ist es ratsam, sich zunächst folgender Eigenschaften bewusst zu werden. Bitte tragen Sie Ihr Atemverhalten in den folgenden Fragebogen ein:

	Schwach		unauffällig			ausgeprägt	
	0	1	2	3	4	5	6
Atmung vor Redebeginn							
Atmung nach Redebeginn							
Hochatmung (Schultern werden hochgezogen) – während der Rede – nach der Rede							
Körpersprache durch:							
Hochziehen der Schultern							
Körperhaltung							
Körperausdruck							
Gestik							
Mimik							
Blick							
Hände							
Arme							
Rumpf							

Beine							
Füße							
Bezogenheit auf die Füße							
Einstellen auf andere							
Dynamik							
bleibt am Standort							
verlässt den Standort							
Raumwahrnehmung							
Raumverhalten							
innerliche Affekt-bewegung							

Sind Ihnen noch andere Eigenschaften an Ihrer Atmung, Ihrer Körperhaltung und Ihrer Standposition aufgefallen? Gibt es etwas, was Ihnen dabei gut oder besonders gut gefallen hat? Gibt es Eigenschaften, die Ihnen weniger gut oder überhaupt nicht gefallen haben?

....

....

....

Nachdem Sie sich nun ein eigenes Bild über Ihre Atmung gemacht haben, möchten Sie vielleicht wissen, wie andere Menschen Sie in Ihrem Atemverhalten sehen. Lassen Sie wiederum Freunde oder Ihnen nahe stehende Menschen, die zu konstruktiver Kritik gern bereit sind, anhand dieser «Mehrdimensionalen Atemanalyse» Ihr Atemverhalten beurteilen. Andere nehmen anders wahr als man selbst.

Atemkorrektur ist mühsam, aber effektiv

Trainieren Sie Ihre Atmung, wenn sich herausgestellt hat, dass Sie etwas verändern möchten oder Ihre Atemfunktion stärken wollen. Mit einem gut durchdachten und individuellen Trainingsprogramm für Ihre Atmung wird Ihnen eine gesunde Atemführung bald zur Routine werden. Beobachten Sie dabei Ihre Körpersprache und versuchen Sie diese mit Ihrer Atmung in Einklang zu bringen. Nutzen Sie die Übungen und Anleitungen diese Buches. Stellen Sie sich Ihr individuelles Trainingsprogramm zusammen. Die beiliegende Audio-CD gibt gute Hilfestellung und erlaubt Ihnen, Ihr Atemtraining auf dem Weg zum Büro, beispielsweise im Bus, an der roten Ampel, oder während der Hausarbeit auszuführen.

Sie werden dabei zu einer guten Standposition und einer guten Position im Sitzen finden. Ihre Schultern werden ruhig bleiben und nicht mehr den Brustkorb hochziehen. Ihre Atembewegungen gehen in einen natürlichen Atemrhythmus über. Sie entwickeln ein gutes Feeling für Ihr Körperzentrum. Hieraus entwickelt sich dann nach und nach ein insgesamt gutes Körpergefühl. In schwierigen Situationen wird Ihnen die Atmung nun nicht mehr «hoch gehen». Sie werden nicht mehr kurzatmig sein und auch nicht mehr die Luft während des Sprechens anhalten. Selbst wenn Sie eine «aufregende» Situation meistern müssen, wird Ihnen Ihre Atmung gehorchen. Ihre gute und gesunde Atmung wird sich schon bald positiv bei Stress, Hektik, Überforderung und Frust auswirken. Gleichzeitig werden Sie erfahren, wie Sie sich in kritischen Situationen behaupten können!

Funktioniert Ihre Atmung, so klingt Ihre Stimme. Dadurch reduzieren Sie auf natürliche Weise Stress. Sie sind so in der Lage, die eigene Konzentration auf das Wesentliche in der jeweiligen Situation zu fixieren, und steigern hierdurch die stimmliche Leistungs- und Überzeugungsfähigkeit. *Fazit:* Fließt die Atmung, funktioniert die Stimme.

Die Übungstexte

Anleitung zu den Übungstexten

Mittlerweile habe Sie sich mit der Atemtechnik eingehend beschäftigt und Ihren Atemrhythmus mit Hilfe der zuvor empfohlenen Atemübungen aktiviert und stabilisiert. Versuchen Sie, diese Atemübungen täglich durchzuführen. Vielleicht beherrschen Sie sogar schon das Hecheln als Atemtraining. Hecheln ist eine unerlässliche Voraussetzung für gute und gleichmäßige Stimmführung, da Hecheln für eine gute Atemkondition und gleichmäßige Atemführung sorgt. Weiter werden Sie sich durch die angeführten Resonanzübungen Ihre Resonanzräume vergegenwärtigt und weiter aktiviert haben. Dann erst folgen die nächsten Stimmtrainingsaspekte. Die Artikulations- und Positionierungsübungen sollten Sie intensiv trainieren, dass sie Ihnen wie eine Gymnastik für Lippen, Zunge und die gesamte Mundhöhle vorkommen. Haben Sie sich Ihre Resonanzräume zuvor intensiv erschlossen, werden Sie erleben, wie Ihre Resonanzen unwillkürlich in das Artikulations- und Positionierungstraining mit einbezogen werden und Ihre Stimme bereits an Stimmklang und Sicherheit gewonnen hat.

All diese Übungen sind die Basis einer sinnvollen Stimmtechnik und unerlässliche Voraussetzung sowohl für die Übungstexte als auch für die Zungenbrecher. Selbst wenn Ihr Terminplan noch so voll sein sollte: Eine rote Ampelphase oder die Werbepausen während der TV-Krimis bieten immer wieder Gelegenheit für kurze Übungseinheiten.

Letztlich lässt sinnvolle Stimmtechnik Atmung, Stimmton und Artikulation zu einem Ganzen, zu einer Einheit werden und mündet im gesprochenen Wort. Wirkungsvolle Stimmtechnik findet ihre stimmrhetorische Vollendung in der direkten Rede. Dabei ist nicht allein das Erleben und Trainieren von verschiedenen Stimm- und Sprechpositionen von Bedeutung. Gleichfalls ist der Umgang mit den Vokalen und Konsonanten sowie die klangliche Erfahrung im

Artikulationsunterschied von Vokalen und Konsonanten in ihrer praktischen Anwendung von Bedeutung. Sprechen Sie beispielsweise einmal «Guten Tag» mit einem hellen und einmal mit einem dunklen Stimmklang. Sie werden sofort die unterschiedliche Klangqualität und die hiermit verbundene Wirkung bemerken.

In den folgenden Übungstexten wird der Wechsel von Vokalen und Konsonanten in Bezug auf Alltag und berufliche Praxis geschult. Schwerpunktmäßig wird jeweils ein Buchstabe trainiert. Ziel ist es, die Konsonanten, bei gleichzeitigem Wohlklang der Vokale, knapp und sehr deutlich artikulieren zu können. Gleichzeitig haben wir während des Resonanztrainings den positiven Einfluss der Konsonanten auf unser Zwerchfell bemerkt. Diesen Konsonantenimpuls dürfen wir in der Übung am Text auf keinen Fall vernachlässigen, da er für Spannung und Entspannung des Zwerchfells während des Sprechens sorgt. Dieser natürliche Spannungsausgleich bildet zum einen die Basis für eine natürliche Körperhaltung während des Sprechens. Gleichzeitig ist sie die ideale Voraussetzung zur Klangentwicklung der Vokale, wie Sie dies bereits in den Positionierungsübungen erfahren haben.

Die Artikulation der Konsonanten darf also die Artikulation der Selbstlaute, die unersetzbare Voraussetzung unseres Sprach-Sounds sind, nicht wesentlich beeinträchtigen. Wäre dies der Fall, würden wir sehr undeutlich und matt sprechen. Unsere Kommunikationspartner würden uns nicht verstehen.

Im Training mit den folgenden Texten wenden wir besondere Aufmerksamkeit auf den jeweils zu übenden Buchstaben und Laut. Arbeiten Sie Buchstaben für Buchstaben und Laut für Laut durch. Dabei hat es sich als besonders effektiv erwiesen, mit den Konsonanten «m» (Track 25–28) und «w» (Track 29–32) zu beginnen. Sie starten also Ihr Training an den Übungstexten neben der Artikulationsfähigkeit mit dem Stärken Ihrer Sprechresonanzen. Prüfen Sie zunächst anhand von ein oder zwei Übungssätzen, welcher dieser beiden Konsonanten bei Ihnen am besten klingt, also den größten Resonanzeffekt hervorruft. Sie wenden sich nun zuerst diesem Konsonanten intensiv (entsprechend den unten beschriebenen Schritten) zu. Von dort aus erobern Sie Schritt für Schritt die anderen Konsonanten.

Parallel zum Konsonantentraining starten Sie mit dem Vokaltraining. Sie werden rasche Fortschritte bei sich bemerken, wenn Sie mit den Vokalen «i» (21–24) und «a» (17–20) beginnen. Dabei ist es ratsam, zunächst das «i» zu trainieren, da dieser Vokal erfahrungsgemäß bei den meisten Menschen am stärksten ausgeprägt ist. Danach empfiehlt es sich, als Gegenposition das «a» zu bearbeiten und von da aus Schritt für Schritt die anderen Vokale und Diphthonge. Trainieren Sie wiederum entsprechend den im Folgenden beschriebenen Übungseinheiten.

Sie beginnen also mit dem Buchstaben, zu dem Sie sich am stärksten hingezogen fühlen und der bei Ihnen spontan die größte Wirkung entfaltet.

1. Schritt

Trainieren Sie zuerst, indem Sie während des Sprechens bei normaler Lautstärke den jeweiligen Buchstaben deutlich länger als gewöhnlich halten. Durch diese Verzögerung wird Ihnen die jeweilige Klangposition und Artikulationsbewegung des zu trainierenden Buchstabens bewusst.

2. Schritt

Gelingt es Ihnen, die entsprechenden Vokale beziehungsweise die Konsonanten klar und deutlich zu sprechen, trainieren Sie den Wohlklang. Sprechen Sie jetzt den entsprechenden Übungsabschnitt auf einem Ton in angenehmer Sprechlage. Das übermäßige Dehnen des jeweils zu übenden Buchstabens behalten Sie während des 2. Übungsschrittes ebenfalls bei. Die Sprechmelodie während dieses 2. Übungsabschnittes klingt dann monoton und erinnert Sie vielleicht an die Sprache eines Roboters.

3. Schritt
Beherrschen Sie den entsprechenden Übungstext in puncto Aussprache und Wohlklang, dann variieren Sie nun Lautstärke und Tempo.

Lautstärke:
Lesen Sie den Text zunächst in normaler Zimmerlautstärke, dann einmal deutlich leiser und einmal mit recht lauter und tragender Stimme. *Achtung!* Dazu müssen Sie eindeutig Ihre Resonanzen einsetzen. Nur so unterbinden Sie ein Drücken oder Pressen der Stimme.

Sprechtempo:
Lesen Sie den Text einmal in normalem Tempo, dann in einem langsamem und in einem schnellen Tempo. Danach variieren Sie das Lesetempo innerhalb des zu sprechenden Textes.

Sie allein entscheiden über den jeweiligen Grad der Lautstärke und über die Intensität des Lesetempos. Lautstärke und Lesetempo sind sehr individuelle und persönlichkeitsgebundene Faktoren. Sie können auch nur wirklich überzeugend und klar sprechen, wenn Sie durch dieses Training gleichzeitig Ihre individuellen Tempi und Ihre individuellen Grade von leise bis laut Sprechen erarbeitet haben.

4. Schritt
Als letzten Übungsschritt wiederholen Sie Übungsschritt 1. Allerdings flüstern Sie diesen Übungstext, anstatt ihn wie unter Übungsschritt 1 zu sprechen. Sie üben dieses Textflüstern so lange, bis Ihnen das Flüstern mit Leichtigkeit gelingt und Ihre Artikulationswerkzeuge nicht mehr allzu schnell ermüden.

Achtung! Auch hier gilt es wieder, intensiv die eigenen Resonanzen bei gleichzeitig übertriebener Artikulation zu nutzen.

Anleitung zur Audio-CD

Die beiliegende CD wird Ihr Stimmtraining in jeder Hinsicht erleichtern und unterstützen. Die Übungen unterscheiden sich dabei in der Art der Anwendung je nach Effizienz und dem zu erreichenden Ziel. Je nachdem, welches Trainingsziel und welchen Übungsnutzen Sie verfolgen und welche Effektivität Sie erreichen möchten, variieren Sie die einzelnen Übungen in puncto Tempo, Dauer und Dehnung sowie in der Lautstärke.

Diese CD beinhaltet eine Einleitung und Auswahl in die Übungstexte anhand der Vokale «i» und «a», sowie der Konsonanten «m» und «W». Sehr umfangreich dokumentiert sind die Atemübungen, Resonanzübungen, Artikulationsübungen, Positionierungsübungen und alle Zungenbrecher. Denn hat man diese Übungen erst einmal erarbeitet, eignen sie sich hervorragend für das Training «Zwischendurch».

Alle Übungen, die Sie auf dieser Audio-CD hören können, sind im Buch mit Trackangaben versehen. Eine ausführliche Übersicht finden Sie im Anhang auf Seite 173.

Die Übungen in der Übersicht:

Track	
1–6	Atemübungen
7–10	Resonanzübungen
11–15	Artikulationsübungen
16	Positionierungsübungen
17–32	Übungstexte/ausgewählte Beispiele
33–65	Zungenbrecher

Übersicht über Vokale und Konsonanten

Die Tabelle ordnet Vokale und Konsonanten entsprechend ihrer Tonerzeugung, ihrer physiologischen Entstehung sowie ihrer klanggesetzlichen Lautbeziehung:

Die Vokale		**A, E, I** (Y), **O, U**
	hell	**I, E, A, Ä**
	dunkel	**O, Ö, U Ü**
	Doppellaute	**AI+ EI, AU, ÄU+EU**
Die Konsonanten		**B, C, D, F, G, H, J, K, L, M,** **N, P, Q, R, S, T, V, W, X, Z**
	Klinger	**J, L, M, N** (NG), **R, W**
	Reiblaute	**H** (reiner Hauchlaut)
		Vorderes CH, SCH (SP, ST), **S, F + V** (PF), **Z** (TZ)
	Verschluss-laute	**B + P, D + T, G + K** (CK), **Q, X** (CHS), **hinteres CH**

Zungenbrecher (Track 33 bis 65)

Vokale

«A» **(Track 33)**

Da wir nicht in Baden-Baden baden, darf ich euch in Baden-Baden in einen Schokoladenladen laden.
Alle Aale aalen sich in Ahlen in Westfalen.
Alle Affen asten sich von Ast zu Ast.

«Ä» **(Track 34)**

Bären essen Äpfel nicht, Äpfel essen Bären nicht.

«E» **(Track 35)**

Elektrizitätswerksdirektor – Elektrizitätswerksdirektor – Elektrizitätswerksdirektor
Essig ess ich nicht. Ess ich Essig, ess ich Essig mit Salat.
Esel essen Nesseln gern, Nesseln stechen Esel gern.

«I» **(Track 36)**

Iris irrt irre im Irrgarten, denn Iris trinkt immer irre viel Bier.
Igelin, Igelin ist dieses Kind dein siebtes stacheliges Igelkind?

«O» **(Track 37)**

Ob Opa in Oberammergau oder ob Opa in Unterammergau wohnt oder ob Oma in Oberammergau oder ob Oma in Unterammergau wohnt, ist nicht gewiss.
Bodo bot Baldo den Floh im Stroh und war so froh.
Hoch oben wohnet Oso, thronet droben wonnevoll.

«Ö» **(Track 38)**

Öffner öffnen öfter die Öfen als den Öffnern das Öffnen der Öfen lieb ist.

«**U**» **(Track 39)**

K**u**nst **u**nd K**u**lt**u**r r**u**nd **u**m die **U**hr.
In **U**lm **u**nd **u**m **U**lm **u**nd **u**m **U**lm her**u**m.
L**u**tschm**u**schel, L**u**tschm**u**schel, L**u**tschm**u**schel

«**Ü**» **(Track 40)**

In der L**ü**cke liegt die T**ü**cke. – In der K**ü**rze liegt die W**ü**rze.
K**ü**hl ist es, wenn es statt schw**ü**l k**ü**hl ist, und schw**ü**l ist es, wenn es statt k**ü**hl schw**ü**l ist.
In H**ü**lle und F**ü**lle.
Es gr**ü**nt so gr**ü**n, wenn Spaniens Bl**ü**ten bl**ü**hn.

Doppellaute:

«**AI + EI**» **(Track 41)**

Eile mit W**ei**le. **Ei**le im M**ai** mit W**ei**le.
Ei, **ei** wie f**ei**n – **ei**, **ei** wie f**ei**n – **ei**, **ei** wie f**ei**n.
N**ei**n, n**ei**n, das ist k**ei**n W**ei**n.

«**AU**» **(Track 42)**

Auf und ab rasen **Au**tos **au**f **Au**tobahnen.
Au schreit die Katze, mi**au** macht sie ganz l**au**t.

«**ÄU + EU**» **(Track 43)**

Tr**äu**me sind wie Sch**äu**me und Sch**äu**me sind wie Tr**äu**me.
Eulen in **Eu**pen kr**eu**chen und fl**eu**chen, weil wir sie sch**eu**chen.

Konsonanten

«**B**» **(Track 44)**

Blaukraut **b**lei**b**t **B**laukraut und **B**rautkleid **b**lei**b**t **B**rautkleid.
Bürsten mit **b**lauen **B**orsten **b**ürsten **b**esser als **B**ürsten mit **b**raunen **B**orsten.

«D» **(Track 45)**

Der dicke Dachdecker deckt dir dein Dach, drum dank dem dicken Dachdecker, dass der dicke Dachdecker dir dein Dach deckt.

«F» **(Track 46)**

Fischers Fritze fischt frische Fische. Frische Fische fischt Fischers Fritze.

Fünf fette Ferkel fangen flink fette flotte flinke Fliegen.

«G» **(Track 47)**

Gips gibts in der Gipsfabrik. Gibts keinen Gips in der Gipsfabrik, gibts keinen Gips.

Gib Gido Griebenschmalz. Gibt Gido Griebenschmalz?

«H» **(Track 48)**

Hinter Hansens Haus hab ich hundert Häschen heulen und husten gehört.

«J» **(Track 49)**

Jetzt geht jeder nach Jena, um jenen in Jena jagen zu sehn.

Jeder wird jedem Jenes und Jedes geben; Jedes und Jenes wird jeder jedem geben.

«L» **(Track 50)**

Flanelllappen – Flanelllappen – Flanelllappen!

Liebe Lilli Lehmann leih mir dein leinernes Wollläppchen.

Der Leutnant von Loiten befahl seinen Leuten nicht eher zu läuten, bis der Leutnant von Loiten seinen Leuten das Läuten befahl.

Leise, lautlos lallt Lisa und lispelt leise lila.

«M» **(Track 51)**

Meine Muhme Minna Neumann nahm in Memmingen eine Menge neuer Meinungen an.

Wenn **m**ancher **M**ann wüsste, wer **m**ancher **M**ann wär, gäb **m**ancher **M**ann **m**anche**m** **M**ann **m**anch**m**al **m**ehr Ehr'.

«N» **(Track 52)**

Na**nn**i, **N**a**nn**i **n**imm de**n** Rat a**n**, **n**u**n** u**n**d **n**immer **n**eck de**n** **N**atha**n**, **n**ämlich **N**atha**n** sch**n**appt **n**och zu, **n**ach **N**ase u**n**d **n**ach Ha**n**d im **N**u.

«P» **(Track 53)**

Paperla**papp:** **Papp**lakat, **Papp**lakat, **Papp**lakat.
Paule **P**o**p** **p**utzt **p**o**pp**ige **p**utzige **p**inkene **P**öm**p**s.
Der **P**otsdamer **P**ostkutscher **p**utzt den **P**otsdamer **P**ostkutschkasten.
Pluto biss in die ge**p**latzte Blutwurst.

«QU» **(Track 54)**

Quark ist **Qu**ark und Schnaps ist Schnaps.
Quark ist **Qu**ark und **qu**aken ist **qu**aken.

«R» **(Track 55)**

Rolle, **r**olle **r**undes **R**ad, **r**auf und **r**unte**r**, k**r**umm und g**r**ad.

«S» **(Track 56)**

Süße **S**usi **s**ag mal **s**ü**ß-s**aure **S**ahne.
Sieben mal **s**ieben **S**iebe **s**ieben **s**alzige**s** **S**alz. –
Siebenund**s**iebzig minu**s** vier mal **s**ieben
Siebe **s**ieben **s**alzige**s** **S**alz.

«CH» + «SCH» **(Track 57)**

Der Fis**ch**er verkauft Räu**ch**erfi**sch** und fi**sch**te fri**sch**e Fi**sch**e aus den Reu**ch**enberger Tei**ch**en.
Fri**sch**e Kir**sch**en knir**sch**en ni**ch**t. Knir**sch**en fri**sch**e Kir**sch**en ni**ch**t?

In der fri**sch** gestri**ch**enen Kir**ch**e gibt es fri**sch**e Kir**sch**en. Fri**sch**e Kir**sch**en gibt es in der fri**sch** gestri**ch**enen Kir**ch**e.

«SP» **(Track 58)**

Breit**sp**urbahnschienen sind breiter als Schmal**sp**urbahnschienen.
Spornstreichs **sp**rinten bean**sp**ruchte **Sp**ortler wie **Sp**atz und **Sp**erber **sp**ringen.

«ST» **(Track 59)**

I**st** die **St**reusalz**st**euer teuer, zahlt der **St**reusalz**st**reuer keine **St**euer.
Also zahlt der **St**reusalz**st**reuer keine **St**reusalz**st**reuer**st**euer.

«T» **(Track 60)**

Tausend **T**ypen **t**ragen **t**ausend **T**ü**t**en. **T**ausend **T**ü**t**en werden von **t**ausend **T**ypen ge**t**ragen.
Trink **T**ee zum **t**ê**t**e-à-**t**ê**t**e [**t**ɛ**t**a**t**ɛː**t**].

«TR» + «TZ» **(Track 61)**

Die Ka**tz**e **tr**itt die **Tr**eppe krumm. (3-mal)

«V» **(Track 62)**

Vierund**v**ierzig **V**ogel**v**äter rechnen mit ihren **v**ielen, **v**ielen kleinen **V**ogelkindern, wie **v**iel **v**ier **V**ogelkinder mal **v**ier **V**ogelkinder sind.

«W» **(Track 63)**

«**W**ir **W**iener **W**asch**w**eiber **w**ürden **w**eiße **W**äsche **w**aschen, **w**enn **w**ir **w**üssten, **w**o **w**armes, **w**eiches **W**asch**w**asser **w**är.»
Wir **W**arschauer **W**eiber **w**ollen **w**ahrlich **w**eiter **w**andern, **w**eil die **W**under**w**affe «**W**andern» **w**ahrlich **w**ahre **W**under vollbringt.

«X» / «-CHS» + SK» **(Track 64)**

Der Whi**sk**ymi**x**er mi**x**t den Whi**sk**y im Whi**sk**ymi**x**er. Im Whi**sk**ymi**x**er mi**x**t der Whi**sk**ymi**x**er den Whi**sk**y.

Wenn Ma**x** Wa**chs**ma**sk**en mag, dann macht Ma**x** Wa**chs**ma**sk**en nach.

«Z» **(Track 65)**

Zehn **Z**iegen **z**ogen **z**ehn **Z**entner **Z**ucker **z**um **Z**oo.

Zwischen **z**wei **Z**wetschgen**z**weigen **z**witschern **z**weiund**z**wanzig **Z**eisige. **Z**weiund**z**wanzig **Z**eisige **z**witscherten **z**wischen **z**wei **Z**wetschgen**z**weigen.

Die Vokale

Die Vokale sind die Klangträger unserer Sprache. Daher bestimmen sie maßgeblich den Klang unserer Sprache. Der Wohlklang der Vokale wiederum unterliegt der Intonation (siehe Vokalausgleich) während des Sprechens (siehe gleitende Phonation).

Die Vokale werden entsprechend ihrer Klangfärbung der Gruppe hell, neutral und dunkel zugeordnet. Das «A» wird dabei als neutral empfunden, da es als menschlicher Urlaut existent ist.

Hell	Neutral	Dunkel
I – E	A	O – U
I – E – Ä		O – Ö – Ü– U

Die Aussprache der Vokale ist entsprechend ihrer Position im gesprochenen Wort verschieden. Stehen die *Vokale in einer Stammsilbe* (Hauptsilbe), werden sie *lang gesprochen,* wie beispielsweise in «a-ber Va-ter».

In geschlossenen Silben und wenn *mehrere Konsonaten folgen,* werden die *Vokale kurz gesprochen* wie in «das Holz ist alt».

Folgen auf einen Vokal *Doppelkonsonanten,* werden die Vokale ebenfalls kurz gesprochen. Folgt nur ein Konsonant, wird der Vokal normalerweise lang gesprochen.

Beispiele:

kam	aber	Kamm
wir	aber	wirr
amen	aber	Amme
Esel	aber	Essen
Hüte	aber	Hütte

«A»

Der urtümlichste aller menschlichen Laute ist das «a». Schon das Baby benutzt ihn. Und auch in der Urschreitherapie* wird er angewandt. Spricht, ruft oder singt man das *«a», ist die Zunge im hinteren Bereich ein wenig nach oben gewölbt und berührt dabei das Gaumensegel mit dem Zäpfchen.* Das Gaumensegel ist dabei locker und nicht gespannt. *Die Zungenspitze liegt locker hinter den unteren Schneidezähnen.* Die *Lippen sind nach oben und unten geöffnet, wobei sie locker und entspannt sind.* Das «a» erklingt bei vollkommenem Stimmbandschluss. In der gesprochenen Sprache unterscheiden wir zwischen dem «langen a» und dem «kurzen a».

langes A	bei Auslautung nur ein Konsonant folgt bei aa bei ah	ba – den Tat, Grab Saal (*aber: Halle*) Wahl, ah ha! (*aber: ach*)
kurzes A	vor: ch, sch, st, tz, mehreren Konsonanten Doppelkonsonanten	 Ach! Asche, Ast, Glatze alt, kalt, Pfanne, Hanne Halle, Tanne

Also:

Saal	aber	Halle
Ah ha!	aber	ach!
Wahl	aber	Nacht

* *Arthur Janov, der Erfinder der Urschreitherapie, erzählte, er habe an einem bestimmten Tag in den Sechzigerjahren durch alle Türen hindurch einen unheimlichen, schauerlichen Schrei gehört, der ihm aus dem innersten Inneren eines jungen Mannes zu kommen schien, der draußen auf dem Flur auf dem Boden lag. Damit wurde eine Entwicklung ausgelöst, die zum Bestseller «Der Urschrei» führte. Er wurde mehr als eine Million Mal verkauft, und es entstand eine weltumspannende therapeutische Bewegung.*

Zungenbrecher **(Track 17–20)**

Da wir nicht in Baden Baden baden,
darf ich euch in Baden Baden
in einen Schokoladenladen laden.

Wirtschaft

Hallo, hallo…, hallo, hallo! Hallo?, hallo?!
Gesagt, getan! – Packen wirs an!
Das ist ganz klar.
Aber was sagen die anderen?
Das sind Zahlen und Fakten.
Die Aktie begeistert die Anleger.
Nach dem Absturz stand der Wert im Abseits.
Der Manager setzt auf starke Standardwerte.
Die Analysten prognostizieren stabiles Wachstum.
Tage mit Schwankungen bis zu acht Prozent waren normal.
Nach den Gewinnwarnungen herrschte unter den Anlagestrategen Ratlosigkeit.
Der Sprecher sagte, dass man den Standard anheben werde.
Die Investmentbank hat andere Ansichten. – Der Start wurde abgesagt.
Die traditionsreiche amerikanische Bank hat auf die Anfrage reagiert.
Die Antwort auf diese Argumentation kam wie ein Warnschuss.
Langsam platzten die Wachstumsfantasien.
Langfristige Wachstumsstrategie ist für den Privatanleger die beste Alternative.
Er ist in der Lage, den Umsatz langfristig zu steigern.
Unerwartet waren Meldungen auf dem Markt eingeschlagen.
In den ersten Handelsstunden begann der Machtpoker.
Alle Anbieter beantworteten die Anfrage.
Niemand nahm den Anruf an.
Dieser Artikel berichtet über die Gefahren.

D**a**s **A**rgument liegt auf der H**a**nd.

Auf der B**a**sis von neuen Z**a**hlen soll erneut verh**a**ndelt werden.

Der **A**bs**a**tz dieser M**a**rke st**a**bilisiert sich.

Der **A**rbeitgeber fürchtet den **a**kuten Person**a**lm**a**ngel.

Die **A**nforderung **a**n d**a**s Person**a**l n**a**hm **a**b.

M**a**n pl**a**nt die **A**nn**a**hme des **A**rtikels «**A**».

Diese W**a**rnung bel**a**stet den Ums**a**tz.

Die Kr**a**ftstoffpreise f**a**llen.

Vom kommenden J**a**hr **a**n f**a**ssen die Vereinb**a**rungen.

W**a**hrscheinlich k**a**nn niem**a**nd **a**nreisen.

Die Bel**a**stungen sollen **a**ndere tr**a**gen.

Der **A**nw**a**lt vertr**a**t den **A**ngekl**a**gten.

Allerdings w**a**r kl**a**r, d**a**ss die Sch**a**densers**a**tzforderungen in Doll**a**r ausgez**a**hlt werden müssen.

D**a**s h**a**tte eine f**a**t**a**le Auswirkung.

Allein schon der kr**a**nke M**a**nd**a**nt h**a**tte Sch**a**densers**a**tz**a**nsprüche.

Die N**a**chrichten des st**a**tistischen Bundes**a**mtes wurden erw**a**rtet.

Der K**a**nzler zieht die Verh**a**ndlungen im **A**lleing**a**ng durch.

D**a**bei bleiben die st**aa**tlichen G**a**r**a**ntien un**a**nget**a**stet.

Slogans

Ar**a**l – immer eine gute W**a**hl. *(Aral)*

Advoc**a**rd ist **A**nw**a**lts Liebling. *(Advocard)*

F**a**hren ohne Gef**a**hren. *(Citroën)*

Doornk**aa**t aus Korns**aa**t. *(Doornkaat)*

Sorgt im M**a**gen für Beh**a**gen.*(Maaloxan)*

Qu**a**dr**a**tisch. Pr**a**ktisch. Gut. *(Ritter Sport)*

Literatur

Auch ich w**a**r in **A**rk**a**dien geboren. *(Schiller; «Resignation»)*

Arm in **A**rm mit dir … *(Schiller; «Don Carlos»)*

S**a**cht, s**a**cht die Türe zu! …
Ans Tor dir: Gute N**a**cht,
d**a**mit du mögest sehen,
an dich h**a**b' ich ged**a**cht. *(Wilhelm Müller/Schubert; «Gute Nacht»)*

W**a**ndle, w**a**ndle deine B**a**hnen;
Nur betr**a**chten deinen Schein,
nur in Demut ihn betr**a**chten … *(Chamisso/Schumann; «Frauenliebe und -leben»)*

Nun, **a**rmes Herze, sei nicht b**a**ng! …
Nun, **a**rmes Herz, vergiss der Qu**a**l! … *(Uhland/Schubert; «Frühlingsglaube»)*

D**a**s m**a**cht, es h**a**t die N**a**chtig**a**ll
die g**a**nze N**a**cht gesungen;
d**a** sind von ihrem süßen Sch**a**ll,
d**a** sind im H**a**ll und Widerh**a**ll
die Rosen aufgesprungen. … *(Storm/Berg; «Die Nachtigall»)*

Redewendungen

Aller **A**nf**a**ng ist schwer.
Es ist noch nicht **a**ller T**a**ge **A**bend.
Außer R**a**nd und B**a**nd sein.
R**a**nk und schl**a**nk.
Die **A**lten zum R**a**t, die Jungen zur T**a**t.

«Ä»

Das «ä» wird ähnlich dem a artikuliert. Dabei verändern sich die Positionen von Zungenspitze und hinterem Rachenraum. Der *hintere Rachenraum wird etwas weiter,* wobei das Gaumensegel leicht an Spannung zunimmt. *Die Zungenspitze wird leicht nach oben gezogen, wobei die Spitze nach unten zeigt.*

Zungenbrecher

B**ä**ren essen **Ä**pfel nicht, essen **Ä**pfel B**ä**ren nicht?

Wirtschaft

Der Pr**ä**sident erkl**ä**rte die europ**ä**ische Gemeinschaftsw**ä**hrung für unterbewertet.
Er h**ä**lt an seinen Pl**ä**nen fest.
Die Äußerungen waren **ä**hnlich.
Die Best**ä**nde **ä**ndern sich st**ä**ndig.
Die Sch**ä**den der besch**ä**digten Hausd**ä**cher sind absch**ä**tzbar.
Die W**ä**rme war ausgepr**ä**gt.
Diese **Ä**pfel gibt es äußerst selten.

Slogans

Du bist, was du tr**ä**gst, du tr**ä**gst, was du bist. *(Bag-it)*
L**ä**nger lieben. *(Bolero)*
Schmeckt l**ä**nger als man denkt. (*Orbit*)

Literatur

Ein Jüngling liebt ein M**ä**dchen,
die hat einen andern erw**ä**hlt; …
Das M**ä**dchen heiratet aus **Ä**rger … (*Heine; «Ein Jüngling liebt ein Mädchen»*)

Redewendung

Ehrlich w**ä**hrt am l**ä**ngsten.

«E»

Das «E» ist mit dem a und dem i verwandt, denn es steht phonetisch gesehen zwischen diesen beiden Vokalen: «a – e – i». Ebenso wie beim «a» klingt das «e» je nach Buchstabenkonstellation phonetisch verschieden. Das *«e» hat vier verschiedene Phonationspositionen,* wobei die Zunge je nach Position lediglich die Grundspannung leicht verändert.

Prinzipiell liegt die Zunge im unteren Mundraum und berührt mal mehr, mal weniger die unteren Schneidezähne von hinten. Die *Öffnung der Lippen* ist geringer als beim a, dafür *nimmt die Lippenspannung in der Breite leicht zu.* Es gibt noch eine fünfte Phonationsposition für das «e», bei welcher das e jedoch im i-Klang untergeht. Denn dieses fünfte E hat schlichtweg ähnlich dem Dehnungs-h Dehnungsfunktion (z. B. sie, hier, vier).

Es gibt:

kurzes E mit offenem Klang klingt ähnlich wie «Ä»	bei nachfolgenden Reiblauten	Geld, Held, e**cht**, Pe**ch,** fe**sch**, de**s**, de**ss**en, tre**ff**en
geschlossenes E klingt sehr intensiv Zunge ist etwas angehoben und spannt sich leicht in die Breite	bei einsilbigen Wörtern zweisilbigen Wörtern Vokalanlautung Klingeranlautung Hauchanlautung	S**ee**, s**e**hr beschw**e**ren, gest**e**llt **e**wig, **e**lend, **e**del w**e**rden, sp**e**ndet, w**e**nig H**e**rz, H**e**ld
Halbgeschlossenes E Klang liegt zwischen dem des kurzen und des gedehnten «E»	folgen Klinger wie r, m, n, hl, g ,s	we**r**, we**m**, we**n**, He**hl**, le**g**en, le**s**en

tonloses E klingt wie ein offenes «hö»	nur in der Endsilbe eines Wortes bestimmt den Sprachrhythmus	stehen gehen, Herde, Erde Teller, Heller gehn, aber gehen
stummes E siehe bei «I» klingt wie «I»	Dehnungs-E für langes i	sie, wie

Zungenbrecher
Elektrizitätswerksdirektor (drei Mal sprechen)
Essig ess ich nicht. Ess ich Essig, ess ich Essig mit Salat.
Esel essen Nesseln gern, Nesseln stechen Esel gern.

Wirtschaft
Die besten Ideen entstehen im Gehen.
Jetzt testen:
Erfolg ist der beste Beweis.
Der Ersatz erfolgte umgehend.
Er wurde erfolgreich gestellt.
Die Ernte wurde eingefahren.
Der Edle spendet den Erlös.
Das Ergebnis wurde auf die guten Erträge zurückgeführt.
Es wurden Steuern erhoben.
Erbschaftssteuer- und Schenkungssteuerbescheide werden mit einem Vermerk versehen.
Dennoch erwartet der Emittent eine Entwicklung.
Das Ergebnis ist ein enormer Erfolg.
Der Einzelhandel wurde sehr eingeschränkt.
Die Teilnehmer verstehen die Entwicklung nicht.
Die Erträgnisaufstellungen wurden erneut überprüft.
Die Emission eroberte den Markt.

Die Emissionswerte werden gewertet.
Weitere Belastungen wurden erwartet.
Der Etat soll empfindlich gekürzt werden.
Diese Regeln entschärfen die Einfuhrbestimmungen erheblich.
Ein Ende ist nicht in Sicht.
Die Einschaltquote belegt den unternehmerischen Erfolg.
Diese Erkenntnis war erstaunlich und erregend.
Der Experte verwies auf entsprechende Regularien.
Die Entscheidung fiel zugunsten der Technik mit diesen Netzwerten aus.
Das Ergebnis wurde ebenfalls getestet.
Die Etiketten werden entfernt.
Der Erfolg gibt dem Gegner Recht und erregte die Presse.

Slogans

Vollendet veredelter Spitzenkaffee. *(Dallmayr Prodomo)*
Wir bewegen Welten! *(Deutsche Post)*
Der Stern bewegt. *(«Stern»)*

Literatur

Er lebt! Er ist da! Es behielt ihn nicht! *(Schiller; «Ritter Toggenburg», MA 1798)*

Ehret die Frauen! Sie flechten und weben
himmlische Rosen ins irdische Leben: *(Schiller; «Würde der Frauen», MA 1796)*

Du meine Seele, du mein Herz,
du meine Wonn', oh du mein Schmerz,
du meine Welt in der ich lebe,
mein Himmel du, darein ich schwebe,
oh du mein Grab, in das hinab ich ewig
meinen Kummer gab …

Du mein**e** S**ee**l**e**, du mein H**e**rz,
du mein**e** Wonn', oh du m**e**in Schm**e**rz,
du mein**e** W**e**lt in d**e**r ich l**e**b**e**,
mein Himm**e**l du, darein ich schw**e**b**e**,
mein gut**e**r Geist, mein b**e**ssr**e**s Ich! (*Rückert; «Widmung»*)

Redewendungen
Ehr**e**, wem **E**hr**e** g**e**bührt.
G**e**ld r**e**giert die W**e**lt.

«I»

Das *«i» ist der hellste Vokal,* da er vor allen anderen Vokalen in der Kopfresonanz am höchsten positioniert ist. Auch seine Zungenposition ist gegenüber den Vokalen a und e deutlich höher. Sprechen Sie einmal «a, e, i» hintereinander. Dabei werden Sie deutlich feststellen, wie die Zunge ihre Position Schritt für Schritt erhöht. Ist die I-Position erreicht, wölbt sich die hintere Zunge gegen den harten Teil des hinteren Gaumens. Die Zungenspitze berührt nach unten gebogen von hinten die unteren Schneidezähne.

Die Lippenposition ist ähnlich der des «e», jedoch wird die Oberlippe leicht weiter nach vorne geschoben. Der Vokal «i» hat zwei verschiedene Ausspracheformen: das kurze offene «i» und das lange geschlossene «i» (siehe auch stummes e), sowie eine Ausnahmeregelung nach «Siebs Deutsche Bühnenaussprache Hochsprache».

langes I geschlossener Klang	einfach «i» geschrieben	m**i**r, w**i**r, d**i**r, **I**gel, Augenl**i**d, etwas zuwider sein,
	«ie» geschrieben	sie, nie, Liebe, Lieder, Friede
	mit Dehnungs-h»	ih-, ihm, ihn, ihrer

kurzes I offener Klang	gilt für alle weiteren I-Schreibungen auch in Wortendungen	ich, mich, Schiff, Fisch, irrt, im -ig, -ich, -in, -isch, -lich, -nis, -rich -ig siehe«G»
Ausnahme	langes i	kurzes i
	vier, Vierteilen, vielleicht Nische Wiesbaden	vierzig, vierzehn Viertel Distel

Zungenbrecher **(Track 21–24)**

Der Trick mit dem Klick ist der Kick für den Trick.

Wirtschaft

Sie nimmt blindlings die Liste.
Sie liest die Identifikationsnummern.
Ist dieser Index nicht richtig?
Kurzsichtigkeit ist nicht gefragt.
Diese Lizenz benötigen wir.
Das Interesse ist groß.
Nie gebe ich diese Information preis.
Der Investor informiert über Investmentfonds.
Dieses Buch ist der Bilanz gewidmet.
Das Wirtschaftsinstitut weist die Universität darauf hin, mehr über die Entwicklung von Investitionen zu informieren.
Der Gewinn profitiert von dem Ergebnis der Chip-Produktion.
Die Flugaufsicht will diesen Service nicht.
Der Index zieht an.
Das Index-Schwergewicht tritt auf der Stelle.

Die Fondsmittel sind den Kapitalgesellschaften und den Fondsfirmen.
Der Favorit im Spitzenreiter-Fonds ist der i-Index.
Ich freue mich, Ihnen ein Kompliment machen zu dürfen.
Ich beglückwünsche Sie zu Ihrem Jubiläum.
Willkommen! Ich muss Ihnen ein Kompliment machen.
Die Kolleginnen sind informiert. Diese Kollegin auch.
Das gibt es gratis.
Der Blick richtet sich auf Mittwoch.
Das ist inakzeptabel.
Ich erwarte von Ihnen eine Strategie.
Ich entschuldige mich.
Ich will nichts wissen, ich will eine Idee haben.
Machen Sie bitte diesen Termin.
Ich will Ihre Ideen realisieren.
Sie müssen sich besser profilieren.
In diesem Fiskaljahr haben wir Minus.
Ihr Schreibtisch ist in Ihrem Büro.
Um ein Fiasko zu verhindern, gebe ich Ihnen diesen Hinweis.
Die Situation ist nicht zu retten.

Slogans

Weil du es dir wert bist. *(L'Oreal)*
Abends Bit – morgens fit. *(Bitburger)*
Bitte ein Bit. *(Bitburger)*
Unerhört minzig, unerklärlich frisch. *(Brancamenta)*
Mitten ins Herz. *(Cora)*
Ich glaub, hier bin ich richtig. *(RTL II)*

Literatur

Zu ihr, zu ihr! O führet mich zu ihr!
Ha! Jetzt erkenne ich sie wieder,
die schöne Welt, der ich entrückt!

Der Himmel blickt auf mich hernieder,
die Fluren prangen reich geschmückt!
Der Lenz mit tausend holden Klängen
Zog jubelnd in die Seele mir! …

Dich, teure Halle, grüß ich wieder!
Froh grüß ich dich, geliebter Raum.
In dir erklangen meine Lieder *(Wagner; «Tannhäuser»)*

Ich mit dir, du mit mir. (Wolfgang Petry)

Redewendungen
Nie und nimmer. Null und nichtig.

«IE»
Zungenbrecher
Die Biene liegt in der Schiene. In der Schiene liegt die Biene.

Wirtschaft
Diese Partie ist Ironie.
Dies liegt auf unserer Linie.
Liegen liefert dieser Lieferant.
Dies sind sieben Spieler, die wissen wie wichtig Ziele sind.
Diese vier Anbieter bieten verschiedene Sorten Bier um vier (Uhr).
Sie schrieben diesen Brief!
Sie schrieben die E-Mail. (Wird phonetisch wie ein «**ie**» betrachtet)
Setzen sie sich Ziele.
Dieses Genie siegte mit viel Energie.
Das bringt mich schier um.
Wie? – Schon wieder Sie!
Wie? – Sie sind hier!

Slogans

Aus L**ie**be zum B**ie**r. *(DAB)*
Fahren w**ie** auf Sch**ie**nen. *(Opel Calibra)*
Sch**ie**nen d**ie**nen. *(Schweizerische Bundesbahnen)*

Literatur

Fremd z**ie**h' ich w**ie**der aus. …
Das Mädchen sprach von L**ie**be,
d**ie** Mutter gar von Eh', …
Muss selbst den Weg mir weisen
In d**ie**ser Dunkelheit.
Es z**ie**ht ein Mondenschatten, …
Was soll ich länger weilen,
dass man mich tr**ie**b hinaus? …
D**ie** L**ie**be l**ie**bt das Wandern …
Fein L**ie**bchen, gute Nacht! … *(Wilhelm Müller/Schubert; «Gute Nacht»)*

Und s**ie**h! Und s**ie**h! An weißer Wand ...
Und schr**ie**b und schr**ie**b an weißer Wand ...
D**ie** Mag**ie**r kamen, doch keiner verstand …*(Heine/Schumann; «Belsatzar»)*

Redewendung

Prob**ie**ren geht über stud**ie**ren.

«I»/«IE»

Wirtschaft

D**ie** Zeit verr**i**nnt.
Ich b**i**n schnell w**ie** der W**i**nd.
H**ie**r, h**ie**r **i**st ein Pap**ie**r.
B**i**tte, b**i**tte h**i**lf m**i**r, dass **i**ch es n**i**cht verl**ie**r.

Slogans

Viva l**ie**bt d**i**ch. (*Viva*)
H**ie**r s**i**nd w**i**r W**I**R. (*Heide Park*)

Literatur

Bl**i**cke m**i**r n**i**cht **i**n d**ie** L**ie**der!
Meine Augen schlag **i**ch n**ie**der,
W**ie** ertappt auf böser Tat;
Selber darf **i**ch n**i**cht getrauen,
Ihrem Wachsen zuzuschauen:
Deine Neug**ie**r **i**st Verrat.
B**ie**nen, wenn s**ie** Zellen bauen, … (*Rückert/Mahler; «Blicke mir nicht in die Lieder»*)

Redewendungen

N**ie** und n**i**mmer.
H**i**n und w**ie**der.

«O»

Auch das «o» wird verschieden ausgesprochen. Es hat *zwei verschiedene Lautungen*. Die Wörter «Hof» und «hoffen» demonstrieren den Gegensatz deutlich. «Hof» wird mit dem *«geschlossenen o»*, das lang bzw. gedehnt gesprochen wird, gebildet. In «hoffen» finden wir das *«offene o»*. Es wird kurz ausgesprochen. Dennoch lässt sich beim offenen o noch genauer differenzieren, so dass im weiteren Verlauf dem offenen o das halboffene o zugeordnet wird.

Die Stellung des Unterkiefers bei der Artikulation des «o» ist deutlich tiefer als beim «a». Die Zunge ist leicht angehoben, wobei die Zungenspitze nach oben zeigt. Die Lippen sind oval zugespitzt und entsprechend der jeweiligen O-Position unterschiedlich weit geöffnet. Beim «offenen o» sind die Lippen weiter geöffnet als beim «geschlossenen o» und die Zunge liegt leicht tiefer.

geschlossenes O langer, gedehnter Klang	bei «oo» o vor einem Konsonanten, besonders vor den Klingern b, d – t, f, g, l, m, n, s o vor ch und ss	B**oo**t, Moos Lo**b,** Bo**d**en, No**t** o**f**t, flo**g**en Ido**l** + wo**hl** O**m**a scho**n** + So**hn** Ro**s**en ho**ch**, gro**ß**, Schlo**ss**
offenes O kurzer, offener, klarer Klang, heller als das geschlossene o	Prinzipiell, wenn auf o mehrere Konsonanten folgen bei folgenden Wortendungen: lz, lzt, llt, llst, mmt, mms, nst, nnt, rch, rt	Ho**lz**, geho**lzt**, wo**llt**, schmo**llst**, ko**mmt**, ro**ch**, O**rt**
halb offenes O im Klang etwas dunkler als das offene o, es liegt von der Aussprachedauer zwischen dem offenen und dem geschlossenen o	«o» vor Doppelkonsonanten «o» vor rf, rg, rn lm, ln	Ro**bb**e, vo**ll**, ko**mm**en, gewo**nn**en, So**mm**er, So**nn**e, Te**rr**or Do**rf**, So**rg**en, bo**rg**en, Do**rn** Ho**lm**, po**ln**isch

Zungenbrecher

Ob **O**pa in **O**berammergau **o**der **o**b **O**pa in Unterammergau w**o**hnt **o**der
ob **O**ma in **O**berammergau **o**der **o**b **O**ma in Unterammergau w**o**hnt, ist nicht gewiss.

Wirtschaft

S**o** bek**o**mmen Sie Inf**o**rmati**o**nen über die f**o**lgenden M**o**nate.
K**o**nt**o**- und Dep**o**tführung sind k**o**stenl**o**s.
Die **O**rder erf**o**lgt **o**nline.
Dieser K**o**mmentar spielte eine untergе**o**rdnete R**o**lle.
V**o**rsicht! **O**rientieren Sie sich am St**o**ppkurs.
Sie können sicherheits**o**rientiert **o**der risik**o**bewusst **o**rdern.
Darauf s**o**llten Sie bei Neuemissi**o**nen tr**o**tzdem achten.
Die K**o**sten ergeben sich aus dem **O**rderv**o**lumen.
Das Pr**o**gramm s**o**llte auch eine Pr**o**zentfunkti**o**n aufweisen.
Diese Definiti**o**n ist parad**o**x.
Ohne **O**pti**o**n auf den **o**beren St**o**ck ist das Angeb**o**t sinnl**o**s.
Diese Eur**o**-Preise sind Gr**o**ßhandelspreise.
Das Aut**o** hat den m**o**dernsten B**o**rdc**o**mputer.
Ein B**o**denanschluss ist nicht nur n**o**twendig, s**o**ndern auch erf**o**rderlich.
Die M**o**ntage des verchr**o**mten Generat**o**rs erf**o**lgte schnell.
N**o**rmalerweise setzen wir H**o**chdruckreiniger, K**o**mpress**o**ren, R**o**tati**o**nslaser und B**o**hrhämmer ein.
Wir bieten r**o**buste Spr**o**ssen-H**o**lzleitern für den Pr**o**fi, mit H**o**lmen, Spr**o**ssen und B**o**lzen aus Buchenh**o**lz.
S**o**rgen Sie sich nicht um den Transp**o**rt der Plattf**o**rm.
Der Erf**o**lg wurde durch eine S**o**nderakti**o**n bel**o**hnt.
In der D**o**se sind r**o**te L**o**se.
Diese K**o**llekti**o**n ist v**o**ll verg**o**ldet und t**o**paktuell.
Bitte f**o**rdern Sie unseren Pr**o**spekt an.
Im S**o**mmer können Sie im **O**sten k**o**mf**o**rtable, große W**o**hnungen mieten.
Die K**o**sten errechnen sich pr**o** Pers**o**n.

Slogans

Die mit dem k**o**stenl**o**sen Gehaltsk**o**nt**o**. *(BfG Bank)*
Harib**o** macht Kinder fr**o**h und Erwachsene ebens**o**. *(Haribo)*

Schraubst du n**o**ch **o**der w**o**hnst du sch**o**n? *(Kare)*
Die M**o**p**o** bringts. *(«Hamburger Morgenpost»)*

Literatur
Oh Erd, **o**h S**o**nne!
Oh Glück, **o**h Lust!
Oh Lieb, **o**h Liebe! …*(Goethe; «Mailied»)*

Zu Di**o**nys, dem Tyrannen, schlich
Dam**o**n, den D**o**lch im Gewande; …
«Was w**o**lltest du mit dem D**o**lche, sprich!» … *(Schiller; «Die Bürgschaft»)*

Willst du in meinem Himmel mit mir leben,
s**o** **o**ft du k**o**mmst, er s**o**ll dir **o**ffen sein. *(Schiller; «Teilung der Erde»)*

Ich gr**o**lle nicht, …
ewig verl**o**rnes Lieb!
Ich gr**o**lle nicht, ich gr**o**lle nicht… *(Heine; Ich grolle nicht)*

Des S**o**nntags in der M**o**rgenstund' …
die M**o**rgengl**o**cken gehen! …
V**o**m D**o**rfe hallet **O**rgelt**o**n,
es tönt ein fr**o**mmes Lied,
andächtig d**o**rt die Pr**o**zessi**o**n
aus der Kapelle zieht. *(Reinick; «Sonntags am Rhein»)*

Redewendungen
Wie gew**o**nnen, s**o** zerr**o**nnen.
M**o**rgenstund hat G**o**ld im Mund.
Abendr**o**t gut Wetterb**o**t.

«Ö»

Das «ö» wird ähnlich dem o gebildet. Die Lippenstellung verändert sich von der ovalen Position weiter in eine deutlich zugespitzte Position. Man spürt ein deutliches Zusammenziehen der Lippenmuskulatur. Die Zunge hebt sich weiter hoch, wobei die Zungenspitze deutlich nach oben zeigt.

Das «ö» ist ein Mischlaut und bildet sich aus o und e. Reiht man entsprechende Sprechsilben aneinander, so nimmt man die Verwandtschaft schnell wahr:

ro – rö – re
rot , röt, red
rot, Röte, redlich

el – öl – ol
Elle, ölle, Olle

mo – mö – me
Mohn, Möhre, mehren

Von der Klangfarbe her unterscheiden wir zwischen dem langen, dunklen Ö wie bei Öl und dem kurzen hellen ö wie bei Hölle und Völle.

Zungenbrecher
Öfchen **ö**ffne **ö**fter dich, **ö**fter **ö**ffne **Ö**fchen dich.

Wirtschaft
Die Bew**ö**lkung nahm zu, und es fielen Hagelk**ö**rner.
Sturmb**ö**en kamen auf, und die H**ö**henstr**ö**mung des
Windes richtete sich **ö**stlich aus.
Gew**ö**hnlich l**ö**sen sich die kleinen R**ö**hrchen in der großen R**ö**hre auf.

Slogan
Dr**ö**pje voor Dr**ö**pje. (B&B)

Literatur
Gar sch**ö**ne Spiele spiel' ich mit dir, …
meine T**ö**chter sollen dich warten sch**ö**n; …
Erlk**ö**nigs T**ö**chter am düstern Ort? *(Goethe; «Erlkönig»)*

Vor seinem L**ö**wengarten …
saß K**ö**nig Franz, …
und hinein mit bedächtigem Schritt
ein L**ö**we tritt … *(Schiller; «Der Handschuh»)*

Die guten ins T**ö**pfchen, die schlechten ins Kr**ö**pfchen. *(Geb. Grimm; «Aschenputtel»)*

Redewendungen
Sch**ö**nheit bet**ö**rt.
Öl ins Feuer gießen.

«U»

«U» ist der dunkelste Vokal in der Vokalreihe a, e, i, o, u. Nicht allein wegen seiner dunklen Klangfarbe bildet er das Schlusslicht. Auch die Zunge liegt von allen Vokalen beim «U» am tiefsten. Im Gegensatz zum o neigt sich der Kehlkopf deutlich nach unten, wodurch *der Unterkiefer stark nach unten gezogen* wird. Der vordere Unterkiefer nimmt dadurch eine deutlich höhere Stellung ein. Die Zunge verhält sich vom A zum U nahezu wie eine Blüte, die sich schließt. Das heißt: Die Zunge senkt sich deutlich in der Zungenmitte. Für die Lippenstellung zieht sich die Lippenmuskulatur noch deutlicher als bei der O-Artikulation zusammen. Die u-Phonation wird in das «lange, geschlossene u» wie bei «Mut», «Zug», «gut» und in das «kurze offene u» wie bei «Mutter», «Zucht», «kurz» eingeteilt.

Zungenbrecher

In Ulm und um Ulm und um Ulm herum.

Wirtschaft

Guten Tag! Ich gratuliere zu Ihrer Leistung.

Unsere Kunden wünschen Kundengespräche.

Bei Budgeterfüllung wird Ihnen ein Bonus ausgezahlt.

Unter Umständen werden unsere Umsätze sinken.

Die Neueinteilung war mit einer Umstellung verbunden.

Diese Produkte wurden umgestellt.

Starker Rechtfertigungsdruck führte zu Verunsicherungen.

Durch zahlreiche Konkurrenz steht die Hauptversammlung unter Zeitdruck.

Bei ruhigem Handel und niedrigen Umsätzen wurden Kursverluste verbucht.

Kurse sind im Blickpunkt.

An der Wachstumsbörse konnten sich die Kurse nur knapp behaupten.

Privatkonsum und Export sind Wachstumsträger.

Die Ladenschlusszeiten sind umstritten.

Die Konjunktur wurde angekurbelt.

Das Grundkapital wurde umgebucht.

Unerwartet untersagte die Unternehmensleitung diesen Umtausch.

Die Umsatzsteuer wurde unterschlagen.

Der Überwachungsausschuss gegen Korruption erklärte seine Unabhängigkeit.

Die Umfrageergebnisse der Unternehmensberatungen Ufer & Ufer waren in den Bundesländern unterschiedlich.

Ein Grund für den turbulenten Markt ist das Ausbildungsdefizit der Nachwuchskräfte.

Das strukturstarke Bundesland baut seinen Vorsprung gegenüber der Konkurrenz aus.

Die Ind**u**strie blüht dank m**u**tiger **U**nternehmensgründ**u**ngen.
Der Enth**u**siasm**u**s beim Aufbr**u**ch der j**u**ngen
Unternehmen ist z**u** einer sachlichen Begeister**u**ng für diese j**u**nge Branche m**u**tiert.
D**u**rch den J**u**nior w**u**rde die **U**nternehmensstr**u**kt**u**r **u**mgestellt.
Die Sch**u**lden des **U**nternehmens w**u**rden **u**nterschätzt.
Die Sch**u**lden stiegen ins **U**ferlose.
Die absol**u**ten Zahlen w**u**rden **u**nters**u**cht.
Versicherer s**u**chen rentable K**u**nden.
Ein Kriteri**u**m ist die Zahl**u**ngsmoral der K**u**nden.

Slogans
Aus g**u**tem Gr**u**nd. *(Carolinen)*
So r**u**nd**u**m g**u**t! *(Onken)*
Deutsche P**u**te. Die G**u**te. *(CMA)*
Unternehmen Z**u**k**u**nft. *(Deutsche Bahn)*
Alles G**u**te für den H**u**nd. *(Frido)*

Literatur
An meinem Herzen, an meiner Br**u**st,
d**u** meine Wonne, d**u** meine L**u**st! …
N**u**r eine M**u**tter weiß allein … *(Eichendorf; «An meinem Herzen, an meiner Brust»)*

Immer ist **U**ndank Loges Lohn!
Um dich n**u**r besorgt sah ich mich **u**m,
d**u**rchstöbert' im St**u**rm alle Winkel der Welt,
Ersatz für Freia z**u** s**u**chen,
wie er den Riesen wohl recht.
Umsonst s**u**cht' ich **u**nd sehe n**u**n wohl … *(Wagner; «Das Rheingold»)*

Kn**u**rre nicht P**u**del! …
Ich bin z**u** alt, **u**m n**u**r z**u** spielen,
z**u** j**u**ng, **u**m ohne W**u**nsch z**u** sein. … *(Goethe; «Faust»)*

Vom Vater hab' ich die Stat**u**r,
des Lebens ernstes Führen,
vom Mütterchen die Frohnat**u**r
und L**u**st z**u** fab**u**lieren. … *(Goethe; «Xenien»)*

Redewendungen
Morgenst**u**nd hat Gold im M**u**nd.
Ein Weiser **u**rteilt, ohne z**u** ver**u**rteilen.
Unkraut wächst auch **u**ngesät.

«Ü»

Das *«Ü» ist dem «I» sehr nahe.* Bei Schwierigkeiten der I-Bildung eignet sich das Ü als hervorragende Hilfe. Man gleite hierzu von U über Ü zum I: U – Ü – I. Phonetisch wird es ähnlich wie das Ö gebildet. Die Position der Zunge ist nahezu dieselbe. Doch die Lippenöffnung ist beim Ü deutlich kleiner. Hierzu hebt sich der vordere Unterkiefer gegenüber der Ö-Position. Das Ü unterscheidet sich in der Lautung zwischen dem «kurzen Ü» und dem «langen Ü».

kurzes Ü geschlossener Klang	vor sch vor mehreren Konsonanten	Büsche Rüschchen Düfte, Glück, küssen, flüstern, kürzen, wüsste – wüsst, würde – würd.

langes Ü	mit Dehnungs-h	Mühe, glühen, führen
geschlossener Klang	wenn:	
	ü vor ch	Bücher, Flüche, Sprüche
	ü in offener Silbe	über, üben
	nur ein Konsonant folgt	für, Gemüt, Blüte – Blüten, Tür – Türe

Zungenbrecher
In der K**ü**rze liegt die W**ü**rze.
Die W**ü**rze liegt in der K**ü**rze.

Wirtschaft
Ich begl**ü**ckw**ü**nsche Sie zu ihrer Leistung.
Herzlichen Gl**ü**ckwunsch!
Das Budget wurde **ü**berpr**ü**ft.
Die Währungsh**ü**ter reagierten in k**ü**rzester Zeit.
Die Aktionärssch**ü**tzer bef**ü**rchten **ü**berdurchschnittlich hohe Risiken.
Der Konzern verbl**ü**fft die Analysten.
Die f**ü**hrende Gläubigerbank spricht sich f**ü**r eine **Ü**bernahme des **ü**berschuldeten Konzerns aus.
Nach den Kursr**ü**ckgängen d**ü**rften neue Einstiegsmöglichkeiten gl**ü**cken.
F**ü**r jede Teilausf**ü**hrung verlangen die Broker Geb**ü**hren.
Diese zu **ü**berpr**ü**fen ist m**ü**hsam.
Die **Ü**bergewichtung der Konsumg**ü**ter **ü**berraschte aufs Neue.
Er will den Ölpreis dr**ü**cken.
Die Aussicht auf eine st**ü**rmische Entwicklung ließ zu w**ü**nschen **ü**brig.
Unternehmensgr**ü**nder werden durch Zusch**ü**sse fr**ü**hzeitig unterst**ü**tzt.
Schlimmste Bef**ü**rchtungen **ü**berfielen ihn.

Die K**ü**ndigung **ü**berraschte den Mitarbeiter.
Das Ungl**ü**ck war Folge des **Ü**bermuts.
Die Ersch**ü**tterungen des Marktes ber**ü**hren den Geschäftsf**ü**hrer.
Sie m**ü**ssen den Standort von D**ü**sseldorf nach Br**ü**ssel verlegen.
Wir w**ü**nschen uns das Gl**ü**ck zur**ü**ck.
Die Wirtschaftspr**ü**fer **ü**berpr**ü**fen die B**ü**cher.
Ohne Wirtschaftsausk**ü**nfte und Bonitätspr**ü**fungen gibt es keine Industrieg**ü**ter**ü**bernahmen.
Die verf**ü**gbaren **Ü**berkapazitäten in der Hotellerie werden durch die Zahl der **Ü**bernachtungen nicht gedeckt.
Den f**ü**nf F**ü**hrungsmitgliedern blies der kalte Wind in den R**ü**cken.
Sorgsam hat der fr**ü**here Vorsitzende die **ü**berraschend vielen Angebote gepr**ü**ft.
Aufgrund einer **Ü**berproduktion schn**ü**rt das Unternehmen nun das **Ü**berlebenspaket.
Nach den fr**ü**hen Verlusten ist Zur**ü**ckhaltung geboten.
Wir w**ü**nschen, dass Sie aus dieser Ank**ü**ndigung vern**ü**nftige Konsequenzen ziehen.

Slogans

Überraschend. **Ü**berzeugend. Anders. (*Daihatsu*)
Nur die Kn**ü**ller, keine F**ü**ller! (*RPR 1*)

Literatur

W**ü**rd ich mein Herz der Liebe weihn,
so m**ü**sst es dieser J**ü**ngling sein …
Lasst uns zu unsrer F**ü**rstin eilen …
ich sch**ü**tze ihn allein …
Die s**ü**ßen Triebe mitzuf**ü**hlen …
Die Lieb vers**ü**ßet jede Plage …

Sie w**ü**rzet unsre Lebenstage … *(Schikaneder/Mozart; «Die Zauberflöte»)*

Gelobt sei, Jungfrau s**ü**ß und rein,
der Wallfahrt wolle g**ü**nstig sein.
Ach schwer dr**ü**ckt mich der S**ü**nden Last … *(Wagner; «Tannhäuser»)*

Da gr**ü**ßen ihn Vögel bekannt **ü**berm Meer … *(Kerner; «Wanderlied»)*

Übern Garten durch die L**ü**fte … *(Eichendorf/Schumann; «Frühlingsnacht»)*

Redewendungen
In der K**ü**rze liegt die W**ü**rze.
Im Tr**ü**ben fischen.
In H**ü**lle und F**ü**lle.

Die Diphthonge

Die Diphthonge sind Doppellaute. Sie werden aus zwei Vokalen gebildet und verschmelzen miteinander zu nahezu einem Laut. Wenn man diese Doppellaute sehr, sehr langsam spricht, nimmt man den Charakter jedes dieser beiden Vokale wahr.

Sehr plastisch wird diese Art des Getrenntseins der Laute während des Singens, da man beim Singen häufig die einzelnen Silben der Worte entsprechend den ihnen zugeteilten Notenwerten länger halten muss.

Sprechen Sie beispielsweise das Wort «Mai» langsam aus, nimmt man das in Mai enthaltene «a» sehr deutlich wahr; das «i» in Mai dagegen eher als ein «*ei*».

Die Diphthonge unterscheiden sich in der Klangfarbe entsprechend ihres vokalischen Ursprungs und ihrer Klangverschmelzung.

Vokalgebiet	Klang	Diphthong
A – E – I	hell	AI + EI
A – O – U	dunkel + neutral	AU
A – Ö – U	offen + dunkel	ÄU + EU

«AI» + «EI»

Bei den Doppellauten AI und EI handelt es sich um ein- und denselben Doppellaut. Klanglich gibt es nahezu keinen Unterschied. Lediglich die Schreibweise ist verschieden. Das «ai» geht auf das Mittelhochdeutsche zurück und ist in einigen Worten wie zum Beispiel in «Mai oder Geigensaite» beibehalten worden.

Bei «ai und ei» handelt es sich um eine Lautverschmelzung der Vokale a + i, wobei einem hellen kurzen a ein sehr kurz geschlossenes i folgt: Mai : Hai, Meister : Weib.

Zungenbrecher

Die W**ei**sh**ei**t der W**ei**ber. Die W**ei**ber mit der W**ei**sh**ei**t.

Im M**ai** sitzen die Z**ei**sige auf den Zw**ei**gen und z**ei**gen dem Lak**ai**en lustige W**ei**sen.

Wirtschaft

Wortr**ei**che Z**ei**len füllen S**ei**ten.
R**ei**che d**ei**ne Hand m**ei**ner Hand.
Ich h**ei**ße M**ai**er.
Wir sahen den H**ai** im M**ai**.
Man hat mir von Ihrer L**ei**stung berichtet.
Ich bedanke mich für Ihren **Ei**nsatz.
Sie err**ei**chen L**ei**stung durch Vorber**ei**tung.
Vergl**ei**chen Sie den w**ei**teren Verlauf mit dem bisherigen.
Erfolgr**ei**ch st**ei**gen sie die L**ei**ter hinauf.
Wir konnten **ei**nen Ant**ei**l von dr**ei** Prozent nachw**ei**sen.
Die Verst**ei**gerung war w**ei**tgehend abgeschlossen.
Wir setzen ihr **Ei**nverständnis voraus.
Der **Ei**nfluss geht zu w**ei**t.
Inwiew**ei**t soll auf diese W**ei**se be**ei**nflusst werden?
Der B**ei**trag steht im B**ei**hefter.

Slogans

G**ei**z ist g**ei**l! *(Saturn)*
Einfach so **ei**nkaufen *(Amazon.de)*
Das h**ei**zt **ei**n! *(Fuego Mexican Food)*
Nimm lieber R**ei** – du sparst dab**ei**. *(Rei)*
F**ei**ner machts **ei**n deutsches **Ei**. *(CMA)*

Literatur

R**ei**ch mir die Hand m**ei**n Leben. …
(Da Ponte/Mozart; «Don Giovanni»)

Ei, **ei** wie f**ei**n, wie f**ei**n!
Ei, **ei**, wie f**ei**n.
Sie wären gern b**ei** ihm all**ei**n,
b**ei** ihm all**ei**n: N**ei**n, n**ei**n!
N**ei**n n**ei**n, das kann nicht s**ei**n. … (*Schikaneder/Mozart; «Die Zauberflöte»*)

Redewendungen
Eifersucht ist **ei**ne L**ei**denschaft, die mit **Ei**fer L**ei**den schafft.
Kl**ei**n, aber f**ei**n.

«AU»

Der Diphthong «au» bildet sich aus einem sehr kurzen, schnellen a, dem ein geschlossenes u folgt wie in dem Ausruf «au!» oder in Maus und in Haus.

Zungenbrecher
Auf und ab rasen **Au**tos **au**f **Au**tobahnen.

Wirtschaft
Der Ausgleich wird **au**f Kosten der anderen vollzogen.
Der Verbr**au**ch stieg, und der Abverk**au**f war gut.
Stell dich nicht t**au**b.
Das **Au**to-Unternehmen will den Absatz im R**au**m **Au**gsburg **au**sb**au**en.
Die **Au**sgleichsbank gleicht den K**au**f **au**s.
Der Verbr**au**cher steigerte seinen Verbr**au**ch.
Der **Au**ßendienst wird die Verbr**au**cher **au**frufen.

Slogans
Aufstehen – **Au**fdrehen *(Radio Köln)*
Mach' mal P**au**se – **au**ch zu H**au**se. *(Coca-Cola)*

Literatur

Es r**au**schen die Wipfel und sch**au**ern, … *(Eichendorf; «Schöne Fremde»)*

Eingeschlafen **auf** der L**au**er,
obern ist der alte Ritter,
drüber gehen Regensch**au**er,
und der Wald r**au**scht durch das Gitter …
und versteinert Brust und Kr**au**se …
oben in der stillen Kl**au**se.
Dr**au**ßen ist es …
Und die schöne Br**au**t, die weinet. … *(Eichendorf/Schumann; «Auf einer Burg»)*

Redewendungen

In S**au**s und Br**au**s leben.
Von H**au**s zu H**au**s gehen.

«ÄU» + «EU»

Die Aussprache von «äu und eu» ist gleich wie in dem Satz: Heute läute den Leuten. Die unterschiedliche Schreibung der Worte geht auf den jeweiligen Wortstamm zurück. Phonetisch ist «äu und eu» ähnlich einem kurzen, offenen o, dem ein sehr kurz geschlossenes ö folgt.

Zungenbrecher

Tr**eu**e M**äu**se l**äu**ten am Geh**äu**se. L**äu**ten tr**eu**e M**äu**se am Geh**äu**se?

Wirtschaft

Die **Äu**ßerungen waren **äu**ßerst selten.
Die **äu**ßeren Umstände schüren **Eu**phorie.
Die **Eu**ropäische Union bilden Länder aus **Eu**rasien.

Das S**äu**seln kommt von **eu**ren **Eu**kalyptusb**äu**men.
Die Straße verl**äu**ft zwischen Wohnh**äu**sern und hohen Geb**äu**-den.

Slogans
Die Qualitätsh**äu**ser *(Bien Zenker)*
Er l**äu**ft und l**äu**ft und l**äu**ft. *(VW Käfer)*
N**eu**es Denken – n**eu**e Küche. *(Leicht)*

Literatur
Und im Kreise sch**eu**
Umgeht er den L**eu** … *(Schiller; «Der Handschuh»)*

Horch! Das F**eu**erglöcklein gellt: …
Durch das Tor, der F**eu**erreiter, …
Als auf einer F**eu**erleiter! … *(Mörike; «Der Feuerreiter»)*

Leise zieht durch mein Gemüt
liebliches Gel**äu**te … *(Heine; «Leise zieht durch mein Gemüt»)*

Ob die Blum' auch stirbt,
wenn man sie bricht,
tr**eu**e Lieb' nicht so geschwind.
Und die Tr**eu**', und die Tr**eu**', … (*Reinick/Brahms; «Liebetreu»)*

Redewendungen
Sch**äu**me sind Tr**äu**me.
Der hat Geld wie H**eu**.
Geld ist sch**eu**.

Die Konsonanten

Konsonant kommt von Con-sonare und bedeutet mitklingen. Die Konsonanten kommen nur in Verbindung mit einem Vokal ganz zur Entfaltung. Die Gruppe der Konsonanten wird in Klinger, Verschlusslaute und Reiblaute eingeteilt.

Die Klinger

In die Gruppe der *Klinger* gehören die Konsonanten *«j, l, m, n, r, w»*. Klinger sind stimmhafte Konsonanten. Sie erzeugen im Gegensatz zu den Reib- und Verschlusslauten einen reinen Stimmton. Die Klinger «m und n» werden auch als Nasale bezeichnet, da die Nasenresonanzen bei der Tonerzeugung besonders angesprochen werden.

Die Hauch- und Reiblaute

Die Reiblaute findet man unter den Bezeichnungen Gaumen-, Hauch-, Lippen-, Reib-, Zisch- und Zungenlaute. Die Gruppe der Reiblaute ist tonlos. Zu ihr gehören die Konsonanten: *h* als reiner Hauchlaut, das *vordere ch, sch, s,* (sp, st) *f* + *v* (pf).
Allen gemeinsam ist eine verstärkte Ausatmung, die den Charakter des einzelnen Konsonanten aufgrund der jeweiligen Artikulationsposition prägt.

Die Verschlusslaute

Die Verschlusslaute werden auch Explosivlaute genannt. Eigentlich ist aber das eine ohne das andere nicht möglich. Der jeweilige Laut kommt stets durch einen kurzen Verschluss mittels der Artikulationswerkzeuge und der Stimmlippen, dem ein rasches explosives Öffnen folgt, zustande. Die Ausatmung wird während des konsonantentypischen Verschlusses so lange zurückgestaut, bis die hierdurch aufgebaute Spannung durch ein plötzliches Öffnen überwunden und als deutlich artikulierte «Explosion» wahrgenommen wird. Die Artikulationswerkzeuge sind unsere Lippen, Zähne, Zunge und weicher Gaumen, die entsprechend zusammenwirken. Zu den reinen Verschlusslauten gehören die Konsonanten: *b + p, d + t, g + k* (ck), *q,* sowie das *hintere ch.*

Die Reib- und Verschlusslaute

Die Gruppe der Reib- und Verschlusslaute lässt sich in zwei Untergruppen unterteilen. Da tritt als erster Laut das ch auf. In seiner Aussprache tritt es einmal als Reiblaut, als vorderes ch, auf wie beispielsweise in dem Wort «Kirche». Zum anderen tritt das ch auch als hinteres ch auf. Das hintere ch wird aber als Verschlusslaut gebildet wie in «Kuchen».

Der anderen Untergruppe gehören die Konsonanten *x* (chs) und *z* (tz) an. Diese beiden Konsonanten x und z werden durch Verschluss mit anschließendem Zischen beziehungsweise Reiben gebildet.

Die Gruppe der Klinger

«J»

Phonetisch ist das *«j» dem «i» nahe.* Daher lässt es sich gut mit Hilfe des «i» üben: i – ja – i – ja – i – ja … ija – ija – ja – ja …

Die Zunge ist gegen den Gaumen gewölbt, wobei die Zungenspitze nach unten zeigend von hinten die unteren Schneidezähne berührt.

Zungenbrecher

Jetzt geht **j**eder nach **J**ena, um **j**enen in **J**ena **j**agen zu sehn.
Jeder wird **j**edem **j**enes und **j**edes geben, **j**edes und
jenes wird **j**eder **j**edem geben.
Jedenfalls sagt er **ja**, **ja**, **ja**…

Wirtschaft

Jedes **J**ahr beginnt mit **J**anuar.
Jedes **J**ahr gibt der **J**uniorchef einen Neu**j**ahrsempfang.
Das **J**ournal der führenden Wirtschafts**j**ournalisten ist **j**edermann bekannt.
Das **j**üngste Gerücht über **j**enes Ergebnis belastet das Vor**j**ahresergebnis.
In den vergangenen beiden **J**ahren wurden die **J**ahresberichte **j**eweils zum **J**ahresbeginn vorgelegt.
Das **J**ahrhunderthochwasser beendete **j**äh den Aufschwung.
Das Interview führte **J**ulia im **J**uli.
In den nächsten zwei bis drei **J**ahren will **J**ens **J**ütte in **J**ena arbeiten.
Der **j**unge **J**aguar ist ein dynamischer **j**unger **J**äger.
Jedenfalls ist der **J**unge **j**etzt fit.
Die **J**ungen **j**ubeln und **j**auchzen vor Freude.
Der **J**unior ist nun nicht mehr **j**ung.
Der **J**ubilar lud zu einer großen **J**ubiläumsveranstaltung ein.
Der **J**uwelier besetzte **J**acke und **J**ackett mit **J**uwelen.

Slogans

Kat**j**es – **j**es – **j**es – **j**es! *(Katjes)*
Junge **J**ahre, Vespa-**J**ahre. (*Vespa*)

Literatur

Erschien mit **j**edem **j**ungen **J**ahr, …
Und teilte **j**edem eine Gabe,
dem Früchte, **j**enem Blumen aus,
der **J**üngling und der Greis am Stabe,
ein **j**eder ging beschenkt nach Haus. … *(Schiller/Schubert; «Das Mädchen aus der Fremde»)*

Jauchzen der Liebe
Jagt es davon! … *(Wagner; «Siegfried»)*

Liebst du um Jugend,
o nicht mich liebe!
Liebe den Frühling,
der jung ist jedes Jahr! *(Rückert/Mahler; «Liebst du um Schönheit»)*

Ja, du weißt es, teure Seele, … *(v. Glim/R. Strauss; «Zueignung»)*

Redewendungen
Jedes Jahr auf ein Neues.
Die Jahre der Jugend …

Vierzig Jahre sind das Alter der Jugend.
Fünfzig Jahre sind die Jugend des Alters. *(Victor Hugo)*

«L»

Zur Aussprache des *«l»* berührt die gehobene Vorderzunge mit leichtem Druck das obere *Zahnfleisch des Vordergaumens.* Bei den dann folgenden Vokalen wie la – le – li – lo – lu fällt die Zunge wieder in ihre Ausgangsposition zurück. Steht der Vokal vor dem «l» wie bei al – el – il – ol – ul , bewegt sich die Zunge aus der jeweiligen Vokalposition in die beschriebene L-Position.

Zungenbrecher
Liebe Lilli Lehmann, leih mir dein leinenes Wollläppchen.
Der Leutnant von Loiten befahl seinen Leuten nicht eher zu läuten, bis der Leutnant von Loiten seinen Leuten das Läuten befahl.
Leise, lautlos lallt Lisa und lispelt leise lila.

Wirtschaft

Diese **L**iaison zwischen «**L**ange und **L**ist» **l**ag **l**ange zurück.

In dieser **L**egis**l**aturperiode haben wir nichts zu **l**achen.

Die **L**andesbanken können durch den Wegfa**ll** der A**l**t**l**asten neue **L**eistungen zum Nu**ll**tarif anbieten.

Laut dem **L**agebericht ist die **L**age besser a**l**s erwartet.

Lange **l**ag er auf der **L**auer.

Slogans

Leistung und ein **L**äche**l**n. *(L-Bank)*

Lust auf **L**eichtigkeit. *(Asparagus P)*

Echt Birke**l** – Immer **l**ocker, immer **l**ecker! *(Birkel)*

Sekt nach **L**ust und **L**aune. *(Rotkäppchen Sekt)*

Lecker **l**ecker **l**ecker **l**ecker. *(Seitenbacher)*

Literatur

Liebe, **L**iebe ruft die **l**aue **L**uft,
Liebe, **L**iebe atmet B**l**umenduft,
und sein Inn’res **L**iebe ha**ll**t. … *(Mayrhofer/Schubert; «Die Einsamkeit»)*

Leise zieht durch mein Gemüt
lieb**l**iches Ge**l**äute.
K**l**inge, k**l**eines Früh**l**ings**l**ied,
k**l**ing hinaus ins Weite. *(Heine/Mendelssohn-Bartholdy; «Leise zieht durch mein Gemüt»)*

Es **l**äche**l**t in **l**ichtem Schein …
leuchtende **L**ust,
wie **l**achst du so he**ll** …
G**l**ühender G**l**anz entg**l**eißt …
F**l**immert der F**l**uss,
f**l**ammet die F**l**ut … *(Wagner; «Das Rheingold»)*

Linde Küh**l**ung erkies' ich mir
unter der **L**inde! …
umschweben dich **l**ustig und **l**ieb. …
Leben der Erde,
Lachender He**l**d!
Lass, ach **l**ass!
Lasse von mir! …
Leuchtender Spross!
Liebe – dich,
und **l**asse von mir …
Lebe und **l**ache, süßeste **L**ust! …
Lachend muss ich dich **l**ieben;
Lachend wi**ll** ich erb**l**inden;
Lachend **l**ass' uns verderben –
Lachend zu Grunde gehen! …
Leuchtende **L**iebe,
lachender Tod! … *(Wagner; «Siegfried»)*

Redewendungen

Land und **L**eute. **L**eib und **L**eben. **L**iebe und **L**eid
Lass **l**aufen, was nicht b**l**eiben wi**ll**.
Gei**l**tes **L**eid ist ha**l**bes **L**eid.
Leben ist **L**eiden. *(Goutama Buddha)*

«M» (Nasal) (Track 25–28)

Das *«m»* wird *mit ganzer Stimme bei vollkommenem Lippenverschluss* gebildet. Die Lippen dürfen dabei nicht zusammengepresst werden, sondern liegen locker aufeinander. Die Zunge schiebt sich bei der M-Tönung ein wenig nach vorne, berührt dabei aber nicht die Zähne. Die Zunge darf auf keinen Fall nach unten oder nach hinten gezogen werden, da sonst ein gepresster M-Klang entstehen würde. «m» ist ein Nasal, da die Nasenresonanzen besonders intensiv ansprechen.

Zungenbrecher

Meine **M**uh**m**e **M**inna Neu**m**ann nah**m** in **M**e**mm**ingen eine **M**enge neuer **M**einungen an.

Wenn **m**ancher **M**ann wüsste, wer **m**ancher **M**ann wär, gäb **m**ancher **M**ann manche**m** **M**ann **m**anch**m**al **m**ehr Ehr.

Wirtschaft

Mein **M**anager **m**acht **m**ir **M**ut.
Das **M**agazin erscheint a**m** **M**ittwoch.
Viele **M**enschen **m**öchten gerne **m**ehr Konsu**m** leben.
Mit diesen I**mm**obilien **m**achte dieser **M**ann **M**illionen.
Der **M**arktanteil dieser **M**arke soll ausgebaut werden.
Der U**m**satz ist ver**m**utlich u**m** **m**ehrere Prozente gestiegen.
Dieser **M**ann setzt sich **m**it allen **M**itteln durch.
Meiner **M**einung nach hat er **m**ehr **M**acht, als **m**an ver**m**utet.
Die Ko**mm**ission **m**öchte, dass die Ko**mm**unen dieses **M**odell u**m**setzen.
In diese**m** So**mm**er ni**mm**t die **M**annschaft **m**ehrere So**mm**ergäste auf.
Montags und **m**ittwochs berichten die **M**edien i**mm**er über diese **M**annschaft.

Slogans

Mode, die **m**ich anzieht. *(Buddelei)*
Milch **m**acht **m**üde **M**änner **m**unter. *(CMA)*
Meer und **m**ehr. *(Nordsee Schleswig-Holstein)*
Mit **M**arken **M**ärkte **m**achen. *(Seagram Deutschland)*
Menschen bewegen **M**enschen. *(SSB)*
Mehr hören. **M**ehr sehen. *(WDR)*
H**mm** … **M**aggi. *(Maggi)*

Literatur

Meine **M**inna geht vorüber?
Meine **M**inna kennt **m**ich nicht? … *(Schiller; «An Minna»)*

Das eigentliche Studiu**m** der **M**enschheit ist der **M**ensch. … *(Goethe; «Die Wahlverwandtschaft»)*

I**m** wunderschönen **M**onat **M**ai … (*Heine/Schumann; «Dichterliebe»*)

U**m** **M**itternacht hab ich gewacht
und aufgeblickt zu**m** Hi**mm**el;
kein Stern vo**m** Sterngewi**mm**el
hat **m**ir gelacht u**m** **M**itternacht. … *(Rückert/Mahler; «Um Mitternacht»)*

Früh schwanden **m**ir
Mutter und **M**aid;
die **m**ich gebar,
und die **m**it **m**ir sie barg, …
Von **M**enschen verlacht,
verlustig der **M**acht, … *(Wagner; «Die Walküre»)*

Und **M**acheath, der hat ein **M**esser.
Doch das **M**esser sieht **m**an nicht. …
Und ein **M**ensch geht u**m** die Ecke,
den **m**an **M**ackie **M**esser nennt. *(Brecht; «Dreigroschenoper»)*

Redewendungen

Mann und **M**aus.
Übung **m**acht den **M**eister.
Man **m**uss nur ein**m**al **m**ehr aufstehen, als **m**an gefallen ist.
Kein **M**ensch **m**uss **m**üssen. *(Lessing)*

«N»

«n» (Nasal) und «ng» (Doppellaut)

Beim *einfachen «n»* berührt die Vorderzunge mit nach unten zeigender Zungenspitze die oberen Schneidezähne von hinten. Die Vorderzunge kann auch gleichzeitig die oberen Schneidezähne mit dem oberen Zahnfleisch berühren. Das Klangvolumen ist deutlich geringer, als es beim «m» ist.

Verbindet man n + g zu «ng», ist dieses *«ng»* als *konsonantischer Einklang* zu sprechen: Also in «Sang» nicht San – g, sondern Sa – ng; in «Klang» nicht Klan – g, sondern Kla – ng, in «Schlange» nicht Schlan – ge, sondern Schla – nge. Bei dieser «NG-Lautung» zieht sich der Zungenrücken mittig gegen den Gaumen hoch, wobei die Zungenspitze im Unterkiefer Zahnfleisch und Schneidezähne von hinten locker berührt.

Zungenbrecher

Neu**n**u**n**d**n**eu**n**zig **N**äheri**nn**e**n** **n**ähe**n** **in** der **N**acht mit **neun** mal **neun** **neuen** **N**äh**n**adel**n** **neun**hu**n**dert**n**eu**n**u**n**d**n**eu**n**zig **n**eue **N**achtmütze**n**.

Wirtschaft

Die **N**achfrage **n**ach **n**eue**n** **N**ame**n** **n**ahm zu.
Der **N**ettogewi**nn** fiel **n**egativ aus.
Nimm **n**ichts hi**n**zu!
Neue I**n**ter**n**et**n**utzer **nannten** **n**eue **N**ame**n**.
Die **N**ome**n**klatur wurde **n**eu geord**n**et.
Ei**n** e**n**tspreche**n**der Beschluss liegt immer **n**och **n**icht vor.
Der **N**ebe**n**kläger verwies auf **n**iedergelegte **N**ebe**n**abrede**n**.
Die **N**ebe**n**werte habe**n** **n**och **N**achholbedarf.
Der **N**eue Markt hat sich **n**och längst **n**icht erholt.
Die **N**ervosität hat sich **n**och **n**icht gelegt.
Natürliche Zi**n**se**n** erzielt der I**n**vestor aus der **N**ettore**n**dite.

Die Industrie konnte den Reingewinn nicht steigern.
Der Konzern wies nach, dass eine Expansion unwichtig sei.
In angemessener Zeit werden wir die Niederlassung neu benennen.
Die neuen Nachbarn sind noch von der Nennung
der Unternehmen abhängig.
Die Neuzulassungen im Inland normalisierten sich.
Die Notation ist unzulänglich.
Die Gewinnausschüttung ist unzulässig.
Die Gewinnspannen nehmen zu.
Zu Beginn war der Nutzen gering.
Die Neuaufnahmen nennen wir noch.
Daraufhin stieg in den ersten Handelsstunden der Nennwert erneut nach oben.
Entgegen den anderen Werten zeigten sich die Standardwerte unverändert.
Zu den Gewinnern von Standardwerten zählten die Anteilsscheine von Neune und Neue.
Der Nachrichtensprecher brachte in den Nachrichten nichts Neues.

Slogans
Nah. Am Nächsten. *(Caritas)*
Nichts liegt näher. *(Deutsche Weine)*
Natürlich bauen wir natürlich. *(Dimke Schulte)*

Literatur
Noch ist es Tag, da rühre sich der Mann!
Die Nacht tritt ein, wo niemand wirken kann. *(Goethe; «West-östlicher Divan»)*

Nun bin ich dein, …
Nie kann versiegen

Die Fülle dei**n**er G**n**ade**n**; …
Nu**n** wa**n**dre, Maria,
nun wa**n**dre **n**ur fort.
Scho**n** krähe**n** die Häh**n**e,
u**n**d **n**ah ist der Ort … *(Geibel/Heyse/Wolf; «Spanisches Liederbuch»)*

Ich bi**n** ausgega**ng**e**n** i**n** stiller **N**acht,
i**n** stiller **N**acht wohl über die du**n**kle Heide.
Hat mir **n**iema**n**d ade gesagt, ade! … *(Mahler; «Lieder eines fahrenden Gesellen 4»)*

Nütze die **N**acht dir zum Heil! …
Lass zur **N**ähe dir mich **n**eige**n**, …
Nothung! **N**othung! so **nenn**’ ich dich Schwert
Nothung! **N**othung! **n**eidlicher Stahl.…
Doch jetzt, da dir
neue **N**ame**n** gefiele**n** …
de**n** **N**acht gebar,
der bange **N**ibelung, … *(Wagner; «Die Walküre»)*

Redewendungen
Nie u**n**d **n**immer!
Null u**n**d **n**ichtig!
Nicht **n**och ei**n**mal!
Sei**n** u**n**d Schei**n**!
Mei**n** u**n**d Dei**n**!
Wie gewo**nn**en, so zerro**nn**en!

«NG»
Zungenbrecher
Po**ng** schlug auf den Go**ng**,
da machte der Go**ng** Di**ng**-Dong.

Di**ng**-Do**ng** machte der Go**ng**,
als Po**ng** schlug auf den Go**ng**.

Wirtschaft

Im verga**ng**enen Quartal konnte eine Verbesseru**ng** erreicht werden.
Die Entwicklu**ng** der Konjunkturdaten wurde in der verga**ng**enen Woche bekannt.
Das Verla**ng**en nach Neueru**ng** ist da.
Die Wartu**ng** wurde in der verga**ng**enen Woche begonnen.
Bisla**ng** wurde nur eine bedi**ng**te Zusage gegeben.
Er gi**ng** auf Kundenfa**ng**.
Am Anfa**ng** stand die Auszahlu**ng**.
Der Handlu**ng**sumfa**ng** wurde eingeschränkt.
Die Zeichnu**ng**sfrist, der Feststellu**ng**stag und der Zeichnu**ng**skurs wurden auf der Versammlu**ng** bestimmt.
Der Ausstellu**ng**srundga**ng** diente der Bekanntmachu**ng** und der Vermarktu**ng**.
Mir wurde a**ng**st und ba**ng**e.
In der Werbu**ng** wurde auf diese Veranstaltu**ng** hingewiesen.
Eine Standorterkundu**ng** war der Anfa**ng**.

Slogans

Magazin zur Beeinflussu**ng** der Wahrnehmu**ng**. *(Art)*
Die Maximum Abwechslu**ng** Mischu**ng**. *(Berliner Rundfunk)*

Literatur

Er macht mir meine böse Ahnu**ng** zur Gewissheit. …
Das ist kein Schauplatz wo die Hoffnu**ng** wohnt. … *(Schiller; «Die Piccolomini»)*

Entbehren sollst du, sollst entbehren!
Das ist der ewige Gesa**ng**,

Der jedem an die Ohren kli**ng**t,
Den, unser ganzes Leben la**ng,**
Uns heiser jede Stunde si**ng**t
Was willst du armer Teufel geben? … *(Goethe; «Faust I»)*

Hört ich oft von E**ng**eln sagen, …
Dass, wo ba**ng** ein Herz in Sorgen schmachtet
vor der Welt verborgen …
Die ihr umri**ng**t den Weltenball;
urewige Schöpfu**ng**, halte doch ein …
Weit in sehnendem Verla**ng**en …
Und umschli**ng**et wahnbefa**ng**en …
Ein säuselnd Weben füllet ba**ng** den dunklen Raum …
Sag, welch wunderbare Träume
Halten meinen Sinn umfa**ng**en,
dass sie nicht wie leere Schäume
sind in ödes Nichts verga**ng**en? … *(Wesendonk/Wagner; «Fünf Gedichte»)*

In mir kli**ng**t ein Lied, ein kleines Lied … *(Alma Rose/Chopin)*

Redewendungen
Sa**ng**- und kla**ng**los.
Müßigga**ng** ist aller Laster Anfa**ng**.
Müßigga**ng** ist aller Künste Anfa**ng**. *(Erwin Chargaff)*

«R»

Das *«r» hat zwei Formen der Bildung,* nämlich das linguale r und das gutturale r. Gleichzeitig hat das «r» viele Bezeichnungen. Das «linguale r» wird gerne als vorderes r, als vorderes Zungen-r oder als Zungenspitzen-r bezeichnet, das gutturale r dagegen als Gaumen-r, als hinteres Zungen-r beziehungsweise als hinteres r. Das «r» wird als Schwinglaut oder als Vibrant bezeichnet.

Tatsächlich handelt es sich bei der *r-Bildung um eine vibrierende Bewegung* der vorderen oder der hinteren Zunge. Beim vorderen Zungen-r vibriert die Zungenspitze, wobei diese frei schwingt. Beim hinteren Zungen-r vibriert der hintere Zungenrücken.

Das Zungenspitzen-r übe man durch rasches Sprechen von t-d, t-d, wobei die Betonung auf «t» liegt, und man füge bald ein offenes rö hinzu.

Zungenspitzen-r:

t – d, t – d, t–d, t–d, t–d, td, td, td, tdtdtrö, trö, trö, trö…

Das **Gaumen-r** lässt sich durch einfaches trockenes *Gurgeln* üben.

Zungenbrecher

Rolle, **r**olle **r**undes **R**ad,
rauf und **r**unte**r**, k**r**umm und g**r**ad.

Wirtschaft

De**r** E**r**dölausstoß wu**r**de ged**r**osselt. Da**r**aufhin **r**eagie**r**te de**r** **R**ohölku**r**s mit einem Sp**r**ung nach oben.

De**r** Expo**r**t wi**r**d bis zu**r** Klä**r**ung de**r** P**r**eise **r**uhen.

De**r** **R**edakteu**r** wa**r** zu**r** **r**echten Zeit am **r**echten O**r**t.

Diese **R**eaktion wa**r** **r**echt gut.

Die **R**egie**r**ung konnte ih**r**en **R**efo**r**mku**r**s schwe**r**lich beibehalten. Zwa**r** e**rr**eichte sie eine Teil**r**efo**r**m de**r** Alte**r**svo**r**so**r**ge.

Doch die **R**efo**r**m de**r** K**r**ankenve**r**siche**r**ung ließ auf sich wa**r**ten.

De**r** **R**ebell wollte die **R**evolution.

Slogans

Radio statt **R**adau. (*Relax FM*)

Reinheit. Pu**r**e **R**einheit. (*Biopur*)

Literatur

Röslein, **R**öslein, **R**öslein **r**ot,
Röslein auf de**r** Heiden. … *(Goethe/Schubert; «Heidenröslein»)*

Rückwä**r**ts, **r**ückwä**r**ts, Don **R**od**r**igo!
Deine Eh**r**e ist ve**r**lo**r**en!
Rückwä**r**ts, **r**ückwä**r**ts, stolze**r** Cid! *(Herder; «Cid»)*

Dämm**r**ung will die Flügel sp**r**eiten,
schau**r**ig **r**üh**r**en sich die Bäume,
Wolken ziehn wie schwe**r**e T**r**äume –
Was will dieses G**r**aun bedeuten? … *(Eichendorf/Schumann; «Zwielicht»)*

Rheingold! **R**heingold! …
Rettet euch!
Es **r**aset de**r** Alb!
In den Wasse**r**n sp**r**üht's
Wohin e**r** sp**r**ingt:
Die Minne macht ihn ve**rr**ückt! …
Das Gold ent**r**eiß' ich dem **R**iff,
schmiede den **r**ächenden **R**ing …
Haltet den **R**äube**r**!
Rettet das Gold! … *(Wagner; «Das Rheingold»)*

Redewendungen

Reden ist Silbe**r**, gut **r**eden ist Gold.
We**r** **r**astet de**r** **r**ostet.
Oft fehlts an **R**at, doch nie an **R**äten.
Gute**r** **R**at ist teue**r**.
Wie de**r** **R**ichte**r**, so das **R**echt.
Recht tun ist besse**r** als **R**echt haben.

«W» **(Track 29–32)**

Das *«w»* ist ebenfalls ein *stimmhafter Konsonant.* Die Lippen sind zur W-Bildung leicht geöffnet. Dabei berühren die *oberen Schneidezähne die Unterlippe* leicht von hinten. Möglichst nicht auf die Unterlippe beißen. Zur Lautung vibriert die ganze Unterlippe.

Zungenbrecher

Wir **W**iener **W**aschweiber **w**ürden **w**eiße **W**äsche **w**aschen, **w**enn **w**ir **w**üssten, **w**o **w**armes, **w**eiches **W**asch**w**asser **w**är.

Wir **W**arschauer **W**eiber **w**ollen **w**ahrlich **w**eiter **w**andern, **w**eil die **W**under**w**affe «**W**andern» **w**ahrlich **w**ahre **W**under vollbringt.

Wehe, **w**ehe, **w**enn **w**ütende **W**ölfe die **w**eiteren **W**ege **w**issen, dann **w**issen die **W**anderer im **W**inter nicht **w**ohin.

Wirtschaft

Wir **w**ollen **w**eiter beachtet **w**erden.
Wer **w**eiß, **w**ie **w**ichtig das ist!
Wie **w**äre es, **w**enn **w**ir **w**arten **w**ürden?
Die Nachfrage nach diesen **W**aren **w**uchs stärker als erwartet.
Welt**w**eit **w**urden die **W**aren angeboten.
Die **W**ettbe**w**erber **w**arten auf **w**eitere Order.
Das **W**erbekonzept **w**urde im **W**erbemagazin vorgestellt.
Diese **W**irtschaftsgüter **w**erden **w**eiter durch die **WWW** ver**w**altet.
Ob**w**ohl er das **W**erk **w**echselt, **w**ird er **w**eiter für das **W**eihnachtsgeschäft verant**w**ortlich bleiben.
Versch**w**iegenheit ist unter den Be**w**erbern selbstverständlich.
Während der langen **W**artezeit **w**urde er **w**ütend.
Wir **w**erden welt**w**eit Kunden ge**w**innen.
Worin liegt nun die **W**irtschaftlichkeit?
Der **W**irtschaftsprüfer legte **W**iderspruch ein.

Die **W**eisung der Finanzver**w**altung **w**urde unter**w**andert.
Der Einlage**w**ert **w**urde anders ge**w**ertet.
Die **W**esensmerkmale der GmbH **w**urden herausgestellt.
Die Grunder**w**erbssteuer **w**ar höher als er**w**artet.
Die **W**ährungshüter melden sich zu **W**ort.
Privater **W**ertpapierhandel versus ge**w**erblicher **W**ertpapierhandel.
Wann **w**erden die Grenzen der privaten Vermögensver**w**altung überschritten?
Beim privaten **W**ertpapierhandel steht die Vermögensver**w**altung im Vordergrund.
Alle **w**issens**w**erten Ver**w**altungsan**w**eisungen **w**erden ausge**w**ählt **w**erden.
Diese **W**ürdigung **w**ar z**w**eifelhaft.
Der Nenn**w**ert ist un**w**irksam und **w**ertlos ge**w**orden.
Die **W**erteabschreibung **w**urde rück**w**ertend vorgenommen.

Slogans

Wissen, **w**as **w**ichtig **w**ird. *(«Financial Times» Deutschland)*
Wissen **w**arum. *(«Der Spiegel»)*
Welt**w**eit preis**w**ert fliegen. *(Travel Overland)*
Wissen, **w**as gut ist. *(Ciao)*
Der Partner in **W**irtschaft und **W**issenschaft. *(Bayern Innovativ)*
Wenn Buntes so sauber **w**ird,
wars **w**ahrscheinlich Ariel. (*Ariel Tabs*)
Das **W**under**w**asser aus Köln. (*4711*)

Literatur

Das **W**andern ist des Müllers Lust, das **W**andern!:
Das muss ein schlechter Müller sein,
dem niemals fiel das **W**andern ein, …
Vom **W**asser haben **w**ir's gelernt, vom **W**asser!
Das hat nicht Ruh bei Tag und bei Nacht,

ist stets auf **W**anderschaft bedacht,…
Herr Meister und Frau Meisterin,
lasst mich in Frieden **w**eiterziehn
und **w**andern, und **w**andern. *(Wilhelm Müller/Schubert; «Das Wandern»)*

Ich **w**eiß nicht, **w**ie mir **w**urde?
Nicht **w**er den Rat mir gab,
ich musste auch hinunter
mit meinem **W**anderstab.
Hinunter und immer **w**eiter, …
O Bächlein sprich, **w**ohin? … *(Wilhelm Müller/Schubert; «Wohin?»)*

O Bächlein meiner Liebe,
wie bist du heut so stumm!
Will ja nur eines **w**issen,
ein **W**örtchen um und um.
Ja, heißt das eine **W**örtchen,
das andre heißet Nein,
die beiden **W**örtchen schließen
die ganze **W**elt mir ein.
O Bächlein meiner Liebe,
was bist du **w**underlich!
Will's ja nicht **w**eitersagen,
sag, Bächlein, liebt sie mich? *(Wilhelm Müller/Schubert; «Der Neugierige»)*

Welche **W**onne, **w**elche Lust … *(W.A. Mozart; «Die Zauberflöte»)*

Weia! **W**aga! **W**oge, du **W**elle,
walle zur **W**iege!
Wagala **w**eia!

Wallala, **w**eiala **w**eia! …
Woglinde, **w**achst du allein? …
Mit **W**ellgunde **w**är' ich zu z**w**ei …
Lass sehn, **w**ie du **w**achst *(Wagner; «Das Rheingold»)*

Wir sind die **W**elt ge**w**öhnt.
Wir haben die **W**elt lieb **w**ie uns.
Würde **W**elt plötzlich anders,
wir **w**einten. … *(E. Meister; «Monolog der Menschen»)*

Redewendungen
Worte sind des Dichters **W**affe.
Erst **w**ägs, dann **w**ags.
Wo ein **W**ille ist, ist ein **W**eg.
Mit allen **W**assern ge**w**aschen.
Will der Peter nicht, so **w**ill der Paul.
Der beste **W**ille ist der freie **W**ille.
Durst macht aus **W**asser **W**ein.
Im **W**ein liegt die **W**ahrheit.
Warte nur ein **W**eilchen.

Die Reiblaute

«H»

Das *«h» ist ein reiner Hauchlaut.* Er wird ohne Reibegeräusch bei geringem Luftverbrauch gebildet. Der Konsonant «h» wird schlichtweg nur gehaucht. «h» tritt als Anlaut wie beispielsweise in Hund, Herz, Hast oder als Dehnungs-h wie in den Interjektionen (Ausruf) Ah! Aha! Oh! oder in Uhu und Stuhl auf.

Bei der Artikulationsposition von «h» handelt es sich um die gleiche Position wie für den Vokal «a». Lediglich liegt beim «h» die Zunge mittig noch etwas tiefer.

Zungenbrecher

Hinter **H**ansens **H**aus **h**ängen **h**undert **H**erren**h**emden raus.
Hundert **H**erren**h**emden **h**ängen raus **h**inter **H**ansens **H**aus.

Hinter **H**ansens **H**aus **h**ab ich **h**undert **H**äschen **h**usten ge**h**ört.

111

Wirtschaft

Das **h**ohe **H**aus**h**altsdefizit be**h**errschte in jeder **H**insicht die wirtschaftliche Er**h**olung.
Hingegen setzte die er**h**offte Er**h**olung bei ru**h**igem **H**andel ein.
Die **H**ändler er**h**ielten darauf**h**in die **H**ypothek.
In **H**ongkong konnte der **H**ang-Seng-Index **h**ö**h**er ge**h**andelt werden.
Mit großer **H**ingabe **h**alf er den **H**intermännern.
Hierzu kam die **H**iobsbotschaft wie ein Blitz vom **H**immel.
Sie **h**ielten den **H**ockeyspieler **h**och in Ehren.

Slogans

Hier und **H**eute. *(WDR Fernsehen)*
Die **H**its von **H**eute und
das Beste aus den 90ern. *(Radio Wir von hier)*

Literatur

Des **H**auses redlicher **H**üter … *(Schiller; «Die Bürgschaft»)*

Alle **H**erzen sind fro**h**,
alle **H**erzen sind frei …
Ja, **H**err …
Ich **h**alte drauf **h**in. …
Halt aus! **H**allo! …
Ja, **H**err, ich **h**alt's! … *(Fontane; «John Maynard»)*

Lass irre **H**unde **h**eulen,
vor ihres **H**erren **H**aus … *(Wilhelm Müller/Schubert; «Gute Nacht»)*

Heran, **h**eran, was wiegen kann …
Hinweg, **h**inweg vom Mühlensteg!
Hinweg, **h**inweg, böses Mägdelein, … *(Wilhelm Müller/Schubert; «Des Baches Wiegenlied»)*

Heilige Nacht, du sinkest nieder; …
Kehre wieder, **h**eilige Nacht!
Holde Träume, kehret wieder! *(v. Collin/Schubert; «Nacht und Träume»)*

Heia! Du **H**older!
Hörst du mich nicht? …
Heia! **H**eia! **H**a**h**a! …
Höre, was wir dich **h**eißen! …
Heiaja**h**eia! **H**eiaja**h**eia! …
Heia! **H**eia! **H**eia**h**a**h**ei! …
Haltet den Räuber …
Hilfe! **H**ilfe! …
We**h**e! We**h**e! … *(Wagner; «Das Rheingold»)*

Horch! die **H**örner –
Hörst du den Ruf? …
Horch! o **h**orch!
Das ist **H**undings **H**orn! … *(Wagner; «Die Walküre»)*

Mein **h**oher **H**err … *(Kleist; «Prinz von Homburg»)*

Haus ohne **H**üter *(Böll; Buchtitel)*

Redewendungen
Hemd und **H**ose.
Hier und **h**eute.
Hin und **h**er. **H**aus und **H**of.

«F (PF) und V»

Das *«f» ist ein stimmloser Reiblaut. Oberzähne und Unterlippe bilden eine Enge,* durch welche die Luft geht. Dazu senken sich die Oberzähne hinter die Unterlippe.

Das *«v»* in deutschen Wörtern ist in der *Phonation mit dem «f» identisch* wie in dem Beispiel: Der fünffache Vater hatte viele Kinder. Auch in Ortsbezeichnungen wie Friedrichshafen und Bremerhaven treffen wir auf die Gleichlautung von «f und v». In der Vorsilbe «ver-» gilt die gleiche Aussprache wie beispielsweise in: verfolgen, verfallen, verhelfen. *«v» in Fremdworten* wie Villa, Violine, Vokal und so weiter wird wie im Französischen *als «w»* gesprochen:

Villa = *Willa*; Violine = *Wioline*; Vokal = *Wokal*

«ph» steht häufig noch in eingedeutschten Wörtern, wird aber wie «f» gesprochen und heute überwiegend durch «f» ersetzt. Ein typisches Beispiel ist «Photo und Foto». Beide Schreibweisen sind noch geläufig, aber hier wird «ph» ganz eindeutig als «f» gesprochen. Auch das *«ph»* in Philosophie wird *wie «f»* gesprochen: *Filosofie.*

«pf» ist ein zusammengesetzter Laut aus p und f, bei welchem die Phonation des Verschlusslautes *«p» möglichst in den Reiblaut «f» hinübergleiten* soll. Das «F» wird dann ein wenig länger gehalten, wie beispielsweise in: Pferd. Man spricht also Pf 'erd;

Pflanze = *Pf 'lanze*; Pflege = *Pf ' lege*, Pflicht = *Pf 'licht*, Pfirsich = *Pf 'irsich.*

Zungenbrecher
Fischers **F**ritze **f**ischt **f**rische **F**ische, **f**rische **F**ische **f**ischt **F**ischers **F**ritze.

Fünf **F**ahrrad**f**ahrer **f**ahren au**f** **f**risch gestrichenen Straßen und **f**angen **f**liegende **f**ette **F**ische.

Wirtschaft
Der **F**ahrer **f**uhr den **F**inancier mit dem **F**ahrzeug zum **F**inanzplatz **F**rank**f**urt.
Im **F**inanzdistrikt wurden **F**ernsehkameras au**f**gestellt.
Am **F**reitag bröckelte die **F**assade.
Die Er**f**olgsbeteiligung **f**iel unter den Tisch.
Die **F**örderer **f**anden das **F**inanzierungsprogramm unausgewogen.
Die **Ph**armawerte steigerten sich in das **F**antastische.
Im Kon**f**likt um die wa**ff**en**f**reie Zone wurde eine **f**riedliche Lösung ge**f**unden.
Die Zahlen stehen und **f**allen mit den **F**akten.
Der Au**f**sichtsrat ha**f**tet.
Der **F**irmenche**f** **f**ördert diese **F**iliale.
Die **F**luggesellscha**f**t bietet **F**ern**f**lugtickets als **F**irstclass-**F**ern**f**lugtickets an.
Die In**f**ormation über diese A**ff**äre blieb aus.
Das **F**euilleton berichtete aus **F**unk, **F**ilm und **F**ernsehen.

Firma **F**ischer ist stets **f**ür **f**rischen **F**isch bekannt.
Der **F**isch wurde au**f** den Schi**ff**en verschi**ff**t.
Der **F**acharbeiter **f**ür **F**rischhalte**f**olie **f**indet **f**euchtende **F**olien.
Die **F**irma **f**irmiert unter «**F**iber**f**aser**f**ass».
Der **F**abulant schmückte die **F**abel **f**antastisch aus.
Dem **F**alschspieler **f**ällt das **F**alschgeld so**f**ort au**f**.
Der **F**an **f**üllte das **F**ormular aus.
Im **F**ußballspiel **f**iel das entscheidende Tor im **F**inale.
Im Sturz**f**lug lässt der **F**alke sich **f**allen.
Der **F**all hängt an einem seidenen **F**aden.
Etwas in **F**rage stellen.

Slogans
Freude an **F**ormen, **F**arben und Viel**f**alt. *(Siegmann)*
Per**f**ekt in **F**orm und **F**unktion. *(AEG)*
Aus **F**reude am **F**ahren. *(BMW)*
Feuer und **F**lamme **f**ür Pizza. *(Flambiata)*
Von **F**rau zu **F**rau. *(«Frau im Spiegel»)*
Meine **F**reundin sagt mir alles. *(«Freundin»)*
Finde deine **F**orm. *(Kellog's Special K)*

Literatur
Erzeugt von heißer **Ph**antasie … *(v. Baumberg/Mozart; «Als Luise…»)*

Fremd bin ich eingezogen,
fremd zieh' ich wieder aus. …
Es zieht ein Mondenschatten
Als mein Ge**f**ährte mit, …
Fein Liebchen, gute Nacht! …
Der Wind spielt mit der Wetter**f**ahne …
Da dacht ich schon in meinem Wahne,
Sie pfi**ff** den armen **F**lüchtling aus. …

So hätt' er nimmer suchen wollen
Im Haus ein treues **F**rauenbild. …
Was **f**ragen sie nach meinen Schmerzen? …
Ge**f**rorne Trop**f**en **f**allen …
Wo **f**ind' ich eine Blüte,
wo **f**ind' ich grünes Gras? …
Schmilzt je das Herz mir wieder,
fließt auch ihr Bild dahin! …
(Wilhelm Müller/Schubert; Auszug aus «Die Winterreise»)

Wache, **F**reund, wache **f**roh! …
Flimmert der **F**luss,
flammet die **F**lut, …
So buhlt nun im **F**instern
feuchtes Gezücht … *(Wagner; «Das Rheingold»)*

Redewendungen

Frisch und **f**rei.
Der **F**leißige hat stets Zeit, der **F**aule nie.
Man soll die **F**este **f**eiern, wie sie **f**allen.
Von **F**all zu **F**all.
Er hat **F**euer ge**f**angen.
Er **f**ühlt sich weder **F**isch noch **F**leisch.

«V»

Zungenbrecher

Vierund**v**ierzig **V**ogel**v**äter rechnen mit ihren **v**ielen, **v**ielen kleinen **V**ogelkindern, wie**v**iel **v**ier mal **v**ier ist.

Wirtschaft

Er trifft **V**orsorge gegen ein drohendes **V**erbot.
Nach dem **V**erbot wurde er **v**erurteilt.
Dieser **V**orstand gehörte der **V**ergangenheit an.

Wir haben viel Verständnis.

Das Vorgehen dieses Vorzeigeunternehmens wurde verschwiegen.

Im Vorfeld war der Verwalter informiert.

Die Supermärkte verlieren an Verkaufsfläche.

Geld und Adel verpflichten.

Verantwortungslos weist er den Verlust zurück.

Bevor ich in der Vergangenheit suche, wage ich den Vorstoß.

Im vergangenen Jahr hat sich dieser Versicherungskonzern vergrößert.

Vor allem muss diese Vereinbarung eingehalten werden.

Voraussichtlich werde ich die Verantwortung übernehmen.

Das vorsichtige Vorgehen wurde vermisst.

Vielmehr soll verringert werden.

Es trat eine Verbesserung ein.

Er rief zur Vorsicht auf.

Die Verluste stellten sich sehr vielfältig dar.

Rund ein Viertel der verkauften Produkte trug kein Verfallsdatum.

Zur Verblüffung aller verringerten sich die Kosten.

Von wegen. Ich bin nicht einverstanden.

Der Versicherer verwendet neue Formulare.

Die Vertreter vertraten ihre Ansichten.

Die Vereinbarung wurde vertagt.

Das Verbandsleben wurde vernachlässigt.

Der Vertrag wurde in der «Villa Viola» unterschrieben.

Das «V» in Vokal wird wie ein «W» gesprochen.

Slogans

Versicherung. Vorsorge. Vermögen. *(Allianz)*

Vorsicht!_Vorteil! *(Aetka)*

Viel Vergnügen! *(Dänisches Fremdenverkehrsbüro)*

Literatur

Ihr habt mein **V**olk **v**erführet,
verlockt ihr nun mein Weib? …
Dass ihr darob **v**erdorret,
dass jeder Quell **v**ersiegt,
dass ihr in künft'gen Tagen
versteint, **v**erödet liegt.
Weh dir, **v**erruchter Mörder!
Du Fluch des Sängertums!
Umsonst sei dein Ringen
Nach Kränzen blut'gen Ruhms,
Dein Name sei **v**ergessen,
in ew'ge Nacht getaucht,
sei wie ein letztes Röcheln
in leere Luft **v**erhaucht! …
Noch eine hohe Säule
zeugt **v**on **v**erschwundner Pracht, …
Versunken und **v**ergessen!
Das ist des Sängers Fluch. *(Uhland; «Des Sängers Fluch»)*

Freud**v**oll und leid**v**oll,
gedanken**v**oll sein … *(Goethe; «Freudvoll»)*

Ein **V**eilchen auf der Wiese stand,
gebückt in sich und unbekannt.
Es war ein herzigs **V**eilchen. …
Ach nur, ach nur
ein **V**iertelstündchen lang! …
Ach, aber ach! Das Mädchen kam
und nicht in acht das **V**eilchen nahm,
ertrat das arme **V**eilchen …
Das arme **V**eilchen.
Es war ein herzigs **V**eilchen! *(Goethe/Mozart; «Das Veilchen»)*

Viktoria, Viktoria, Viktoria,
der Meister soll leben. … *(Kind/v. Weber; «Der Freischütz»)*

Redewendungen

Versprochen ist **v**ersprochen.
Verrat lauert im **V**erborgenen.
Vernunft hilft nur bei **V**ernünftigen. *(Werner Mitsch)*
Fast nie kommt der Mensch aus **V**ernunft zur **V**ernunft. *(Charles Montesquieu)*
Vertrauen ist gut, Kontrolle ist besser.
Verbrieft und **v**ersiegelt.

«SCH»

Das «sch» gehört in die Gruppe der Reiblaute, wird aber im Rheinland gerne mit dem «vorderen ch» und umgekehrt verwechselt. Das *«sch»* ist ein *stimmloser Reiblaut,* der bei *geöffneten nach vorne vorgestülpten Lippen,* ähnlich einem leicht geöffneten Kussmund, mit einem kräftigen Lufthauch gebildet wird.

«sch» und Klinger Klinger verstärken den Klang	sch + l sch + m sch + n sch + r sch + w	Schlange, Schloss Schmach, schmiegen schnell, schnarchen schriller Schrei Schwalben, schwanken
Wie «sch» gesprochen sp als Anlaut + Vokal spr (Übungen zu «sp» siehe «s»)	 *schp* gesprochen *schpr* gesprochen	 des Speeres spitze Spitze gesprochen

St als Anlaut + Vokal (Übungen zu «St» siehe «s»)	*scht* gesprochen	stündlich stöhnt der Storch steh still!

Zungenbrecher

Der **sch**nell **sch**wimmende **Sch**ellfi**sch** mit der **sch**uppig-**sch**leimigen **Sch**ellfi**schsch**wanzflosse.

Die **Sch**aukel **sch**aukelt auf und ab.

Schneegänse rau**sch**en mit **sch**rillem **Sch**rei durch die Nacht.

Fri**sch**e Fi**sch**e fi**sch**t Fi**sch**ers Fritze. Fi**sch**ers Fritze fi**sch**t fri**sch**e Fi**sch**e.

Schau: **sch**neller **sch**lau – **sch**neller **sch**lau, **sch**au, **sch**au!

Wirtschaft

Sie wün**sch**en?

Das ist eine logi**sch**e **Sch**lussfolgerung.

Laufende **Sch**ulden über**sch**atten das Ge**sch**äft.

Schlechte Daten ver**sch**ärfen die Lage.

Ra**sch** wechselnde Kurs**sch**wankungen er**sch**recken die Anleger.

Der Aktientau**sch** war lange geplant.

Die Wirt**sch**aftsminister **sch**üttelten einander die Hände.

Die Minister der ver**sch**iedenen europäi**sch**en Staaten setzten sich an einen Ti**sch**.

In kleinen **Sch**ritten konnten die **sch**wierigen Probleme gelöst werden.

Endlich kam er zum **Sch**uss.

Er war zugleich enttäu**sch**t und überra**sch**t.

Wasserrau**sch**en ist ein angenehmes Geräu**sch**.

Die **Sch**nellstraße wird stillgelegt.

Slogans

Schneller **sch**lau. *(«Express»)*

So leicht und locker ge**sch**lagen, der **sch**wimmt sogar in Milch. *(Milky Way)*

Mit IMI gehts noch mal so **sch**nell. *(IMI)*

Schlendern. **Sch**auen. **Sch**oppen. *(«Kölner Stadtanzeiger»)*

Literatur

Nach der süßen Liebe ver**sch**wundener Lust,
ich, die Himmli**sch**e, will's nicht versagen. …
Nach der **sch**önen Liebe ver**sch**wundener Lust
sind der Liebe **Sch**merzen und Klagen. *(Schiller/Schubert; «Des Mädchens Klage»)*

O **sch**ändliche **Sch**mach,
dass die **sch**euen Knechte
geknebelt selbst mich er**sch**aun! …
Ra**sch** da! Ra**sch**!
Dann rührt euch von hinnen:
Dass ihr mir **sch**afft,
fort in die **Sch**achten! …
Schmähliche Tücke!
Schändlicher Trug!
Wirfst du **Sch**ächer
die **Sch**uld mir vor,
die dir so wonnig erwün**sch**t? … *(Wagner; «Das Rheingold»)*

Redewendungen

Er fühlt sich weder Fi**sch** noch Flei**sch**.

Eine **sch**öne Braut gefällt auch ohne **Sch**muck.

Das **Sch**icksal mi**sch**t die Karten und wir spielen.

Wer **sch**läft, sündigt nicht.

Schlafende Hunde soll man nicht wecken.

Der **Sch**ein trügt.
Scherben bringen Glück.

«S»

Zur *s-Bildung* strömt die ausströmende Luft ungehindert durch den Mund- und Rachenraum. Durch die gegen die *unteren beiden Schneidezähne gesenkte Zungenspitze* erfährt die ausströmende Luft einen Widerstand. Die Lippen sind dabei ähnlich einem Lächeln leicht geöffnet. Der mittlere Zungenrücken drückt sich bei der *«s-Bildung» leicht* gegen den Gaumen, bei der *«ss-Bildung» stark gegen den Gaumen.* Beispiele geben die Worte: Esel, Sessel, Essen.

«sp, spr und st» werden als Anlaut wie «sch», also *schp, schpr, scht*, ausgesprochen. Stehen «sp» und «st» nicht als Anlaut, so wird das «s» stimmlos gesprochen.

Beispiele:

Der **Sp**atz **spr**ingt von A**st** zu A**st**.
(gesprochen: *Der Schpatz schpringt von Ast zu Ast.*)

Störche ni**st**en auf dem **St**amm
(gesprochen: *Schtörche nisten auf dem Schtamm)*

Im Schloss **sp**ukt ein Gei**st**. Der Gei**st** **ist** ein **Sp**ion.
(gesprochen: *Im Schloss schpukt ein Geist. Der Geist ist ein Schpion.*)

Zungenbrecher

Süße **S**u**s**i **s**ag mal **süß**-**s**aure **S**ahne.
Sieben mal **s**ieben **S**iebe **s**ieben **s**alzige**s** **S**alz.
Siebenund**s**iebzig minu**s** vier mal **s**ieben **S**iebe **s**ieben **s**alzige**s** **S**alz.

Wirtschaft

Sie setzten sich durch.
Bitte setzen Sie sich.
Dieser Senior ist sehr seriös.
Sind sie sich ihrer Sache sicher?
Setzen Sie sachte an. So gehts schneller.
Sagen Sie nicht solche Sachen!
Wir sehen ausschließlich den Sachverhalt.
Die Sieger siegten mit System.
Im September zog dieser Sanierungsfall die Aufmerksamkeit auf sich.
Es verlief sich im Sande.
Dieses Sortiment ist sagenhaft.
Die Seminarunterlagen sind signiert.
Er sammelt sämtliche Serien.

Slogans

Bequem sitzen. *(Erpo)*
Das System zum Glück. *(Faber)*
… aber sicher machen wir das! *(Steinweg)*

Literatur

Sausendes, brausendes Rad der Zeit,
Messer du der Ewigkeit …
Dass in selig süßem Vergessen,
ich mög alle Wonnen ermessen.
Wenn Aug in Auge wonnig trinken,
Seele ganz in Seele versinken.
Wesen in Wesen sich wiederfindet,
und alles Hoffens Ende sich kündet … *(Wesendonk/Wagner; «Steh still»)*

Redewendungen

Selb**s**terkenntni**s** ist die grö**ß**te Wei**s**heit.
Kein Auge **s**ieht **s**ich **s**elber.
Sich **s**elber be**s**iegen, da**s** ist der grö**ß**te **S**ieg.
Niemand **s**ündigt gegen **s**einen Willen.

«SP»

Zungenbrecher

Breit**sp**urbahnschienen sind breiter als Schmal**sp**urbahnschienen.
Spornstreichs **sp**rinten bean**sp**ruchte **Sp**ortler wie **Sp**atz und **Sp**erber **sp**ringen.

Wirtschaft

Im **Sp**itzen**sp**ort wird künftig einge**sp**art.
Die **Sp**onsoren fördern Nachwuchs**sp**ortler.
Die Bean**sp**ruchung ent**sp**rach der Belastung.
Die **Sp**ekulanten **sp**rangen auf.
Seine Privat**sph**äre wurde aus**sp**ioniert.
Die **Sp**ezifikation ent**sp**rach den Stabilitätsvorschriften.
Das **Sp**ektakel um das Ein**sp**aren der **Sp**esen ging weiter.
Diese **Sp**arte **sp**rengte den Rahmen.

Slogans

Spricht die **Sp**rache Ihres Körpers. *(Always)*
Spiegel-Leser wissen mehr. *(«Der Spiegel»)*
Macht einfach **Sp**aß. *(RTL II)*
Spar dich reich. *(Saturn)*
Komm zu Vedes, wir bringen **Sp**aß ins **Sp**iel. *(Vedes)*

Literatur

Auf die Nacht in der **Sp**innstub'n …
Die Tränen rinnen mir über's Gesicht,

wofür soll ich **sp**innen? Ich weiß es nicht! *(Heyse/Brahms; «Mädchenlied»)*

Spute dich, Kronos! … *(Goethe/Schubert; «An Schwager Kronos»)*

Ist das denn meine Straße?
O Bächlein **sp**rich wohin,
sprich wohin … *(Wilhelm Müller/Schubert; «Wohin?»)*

Da gingen die Augen mir über,
da ward es im **Sp**iegel so kraus;
sie **sp**rach: es kommt ein Regen,
ade! Ich geh nach Haus. *(Wilhelm Müller/Schubert; «Tränenregen»)*

Redewendungen
Sport verbindet.
Spiel ist **Sp**iel und **Sp**aß ist **Sp**aß.
Ein bisschen zu **sp**ät, ist viel zu **sp**ät.
Spontaneität will wohl überlegt sein.
Sprache ist das Bild und der **Sp**iegel der Gedanken. *(Mark Hopkins)*

«ST»

Zungenbrecher
Der **St**reusalz**st**reuer zahlt keine **St**euer. Keine **St**reusalz**st**reuer**st**euer zahlt der **St**reusalz**st**reuer.

Wirtschaft
Die **St**imme **st**immt!
Mein Telefon **st**eht nicht **st**ill.
Das Sy**st**em wird ge**st**artet.

Der **St**oxx **st**eigt **st**ändig.

Die **St**ati**st**ik **st**ützt die **St**rategie.

Analy**st**en be**st**ätigen diesen **St**andpunkt.

An er**st**er **St**elle **st**ehen die be**st**en Inve**st**ments.

Langfri**st**ig wird ein **st**etiger An**st**ieg der Ein**st**ieggebühren erwartet.

Unter be**st**immten Um**st**änden **st**eigen neue Inve**st**oren ein.

Die Inve**st**mentbanken haben eine **st**rategische Allianz geschlossen.

Nach voll**st**ändiger Um**st**rukturierung **st**ieg der Kurs.

Die Lebensphase be**st**immt die Risikoein**st**ellung.

Bei **St**immenmehrheit wird das Unternehmen weiter inve**st**ieren.

In der er**st**en Sitzung **st**ritt man um die **St**andpunkte.

Unter Prote**st** wurde die Fri**st** zur Ab**st**immung ge**st**richen.

Er**st** vor kurzem wurde der Hochlei**st**ungsserver in**st**alliert.

Der Verkauf von Computerlei**st**ung und weiteren Dien**st**lei**st**ungen erfolgt wie der Verkauf von **St**rom und Wasser.

Die jüng**st**e **St**udie be**st**ätigt die **St**rom**st**eigerung.

Die Her**st**eller setzen auf Wach**st**umspotenziale.

In der Logi**st**ikbranche **st**ehen Dien**st**lei**st**er mit er**st**ellten Lösungen und ko**st**engün**st**igen Logi**st**ikkonzepten an er**st**er **St**elle.

Zur **St**immabgabe i**st** nur berechtigt, wer **st**ets anwesend i**st**.

Das Mini**st**erium i**st** optimi**st**isch.

Journali**st**en berichten über den **St**and der **St**euerreform.

Der **St**euerbescheid i**st** be**st**andskräftig.

Im er**st**en Quartal **st**iegen die **St**euern.

Der **St**aat **st**undet dem **St**euerzahler die **St**euerzahlung.

Wie ver**st**ändlich i**st** das **St**euerrecht?

Anhand der Checkli**st**e **st**ellt er die **St**unden zusammen.

Stumm be**st**ätigt die **St**ati**st**ik den An**st**ieg.

Stifter sparen **St**euern.

Slogans

Die pure Lu**st** am Leben. *(Jolie)*

Umdenken, ein**st**eigen! *(VDV/Deutsche Bahn)*

Be**st**werte für Re**st**werte. *(Auto Online)*

Starke Gruppe - **St**arke Lei**st**ung. *(Schmidt + Koch)*

Literatur

Du holde Kun**st**, in wieviel grauen **St**unden,
wo mich des Lebens wilder Kreis um**st**rickt,
ha**st** du mein Herz zu warmer Lieb entzunden,
ha**st** mich in eine bessre Welt entrückt! … *(Hölty/Schubert; «An die Musik»)*

Du bi**st** vom Schlaf er**st**anden
Und wandelt**st** durch die Au. …
In **st**illen Nächten weinet
oft mancher aus den Schmerz,
und morgens dann ihr meinet,
stets fröhlich sei sein Herz. *(Kerner/Schumann; «Stille Tränen»)*

Es war, als hätt' der Himmel
die Erde **st**ill gekü**sst**,
dass sie im Blütenschimmer
von ihm nur träumen mü**sst**. …
So **st**ernklar war die Nacht. …
Flog durch die **st**illen Lande … *(Eichendorff/Schumann; «Mondnacht»)*

Redewendungen

Der **St**andort hängt davon ab, wo man sitzt!

Wer **St**reit sucht, findet auch **St**reit.

Es ist keiner so **st**ark, dass er nicht einen **St**ärkeren findet.

Stillstand ist Rück**st**and!

Die Gruppe der Verschlusslaute

«B und P»

«b und p» sind *bilabiale Verschlusslaute,* die bei *explosivem Öffnen gehaucht gesprochen* werden. Dabei wird das «p» stimmlos gehaucht. Das «b» dagegen wird stimmhaft gehaucht. Genauer definiert: Ober- und Unterlippe bilden vorübergehend einen Verschluss. Hierbei liegen die Lippen ein wenig nach vorne gestülpt aufeinander, bevor der Laut durch Öffnen der Lippen wahrgenommen werden kann. Die Lippen dürfen auf keinen Fall gepresst werden. Der *Lippenverschluss ist bei «b» weniger intensiv als er bei «p»* ist.

Bass	aber	**P**ass
Bombe	aber	**P**lombe

(«pf» siehe unter «f und v»)

«B»

Zungenbrecher

Brautkleid **b**lei**b**t **B**rautkleid und **B**laukraut **b**lei**b**t **B**laukraut.

Wirtschaft

Die **B**esprechung fand in **B**erlin statt.
Das **B**ildungswerk agiert **b**undesweit.
In die **B**eratung wurden mehrere **B**etrie**b**e einge**b**unden.
Diese **B**eschäftigten werden **b**erufs**b**egleitend **b**etreut.
Das **B**aukonzept für ein neues **B**üro liegt vor.
Bitte **b**eachten Sie die **B**esuchszeiten.
Wir **b**ringen uns gerne un**b**ürokratisch ein.
Beide **B**aumsorten sind **b**esonders **b**edroht.
Der **B**uch**b**inder **b**indet den **B**uch**b**and neu ein.
Die **b**unten **B**ücher wurden erneut einge**b**unden.
Mit **B**angen erwartet man den Ein**b**ruch der **B**örse.

Der Gasthof «Zum **b**ösen **B**u**b**en» wurde mit **b**lauem Licht **b**e-schienen.
Die **B**oje **b**og sich hin und her.

Slogans
Bärte werden **b**illiger. *(AEG-Präsident)*
Badespaß mit **B**adedas. *(Badedas)*
Blackunddecker-**b**lackunddecker-**b**lackunddecker. *(Black & Decker)*
My **B**a**b**y, **B**a**b**y **b**alla, **b**alla. *(Bluma)*
Direkt **b**esser **b**eraten. *(Advance Bank)*
Scharf-**B**lick, Durch-**B**lick, Weit-**B**lick. *(«Neue Zürcher Zeitung»)*

Literatur
Du **b**ist **b**lass, Louise? *(Schiller; «Kabale und Liebe»)*

Alles was wir nur **b**erühren
wird zu heißen **B**alsamfrüchten,
wird zu weichen zarten **B**rüsten …
Er findet die **b**laue **B**lume …
Heinrich pflückt die **b**laue **B**lume … *(Novalis; «Heinrich von Ofterdingen»)*

Vivat **B**acchus, **B**acchus le**b**e!
Bacchus war ein **b**raver Mann. … *(Stephanie/Mozart; «Die Entführung aus dem Serail»)*

Aus meinen Tränen sprießen
viel **b**lühende **B**lumen hervor, …
Wo **b**unte **B**lumen **b**lühen
im gold'nen A**b**endlicht,
und lie**b**lich duftend glühen,
mit **b**räutlichem Gesicht … *(Heine/Schumann; «Dichterliebe»)*

Bist du **b**ei mir … *(Joh. Seb. Bach)*

Redewendungen

Wer einen **B**auern **b**etrügen will, muss einen **B**auern mit**b**ringen.
Heute ein **B**etrüger, morgen ein **B**etrogener.

«P»

Zungenbrecher

Pa**pp**erla**p**a**pp,** **P**a**ppp**lakat, **P**a**ppp**lakat, **P**a**ppp**lakat.

Paule **P**op **p**utzt po**pp**ige, **p**utzige, **p**inkige **P**ömps.
Der **P**otsdamer **P**ostkutscher **p**utzt den **Po**tsdamer **P**ostkutschkasten.

Pluto biss in die ge**p**latzte Blutwurst.

Wirtschaft

Seit der **P**rognosesenkung hoffen die **P**olitiker auf **p**ositive **P**rognosen.
Der **P**räsident löste das **P**roblem.
Das **P**ortfolio ist **p**rovisorisch gestaltet.
Die **P**apiere sind gut **p**ositioniert.
Der **P**rogrammchef **p**lant, über weitere **P**robleme zu berichten.
Die **P**rodukte dieser **P**roduktionsfirma wurden **p**ositiv begutachtet.
Der Entwicklungs**p**rozess verlief **p**rogressiv.

Slogans

Partner für **P**rofessionals. *(ING BHF-Bank)*
Pattex klebt wie **P**attex. *(Pattex)*
Schrumpf ist Trumpf. *(Fürstenberg Weizen)*

Literatur

Erzeugt von heißer Phantasie … *(v. Baumberg/Mozart; «Als Luise»)*

Schließ ich dieses Lebens **P**ilgerreise …
Dann die schönste **P**erle sein! … *(Campe/Mozart; «Abendempfindung)*

Von der Straße her ein **P**osthorn klingt.
Was hat es, dass es so hoch aufspringt,
Mein Herz?
Die **P**ost bringt keinen Brief für dich …
Ward mancher Kopf zum Greise. … *(Wilhelm Müller/Schubert; «Die Winterreise»)*

Taucht aus tiefstem Dunkel heller nur em**p**or. …
Ich drücke dich fromm an die Lippen …
Lass der feuchten **P**erlen ungewohnte Zier … *(v. Chamisso/Schumann; «Frauenliebe und -leben»)*

Redewendungen

Um jeden **P**reis.
Ohne Fleiß kein **P**reis.
Pünktlichkeit ist die Höflichkeit der Könige.
Pech im Spiel, Glück in der Liebe.

«D und T»

Die dentalen Verschlusslaute *«d» und «t» werden bei Öffnen des dentalen Verschlusses gehaucht gesprochen.* Dabei ist das *«t» stimmlos und das «d» stimmhaft.* Die nach unten gebogene Zungenspitze lehnt sich kurz gegen die oberen Schneidezähne, wodurch es zum Verschluss kommt.

«D»

Zungenbrecher

Der **d**icke **D**ach**d**ecker **d**eckt **d**ir **d**ein **D**ach, **d**rum **d**anke **d**em **d**icken **D**ach**d**ecker, **d**ass er **d**ir **d**ein **D**ach **d**eckt.

Wirtschaft

Derzeit zeichnet sich im **D**ax eine Tren**d**wen**d**e ab.
Die **D**ivi**d**en**d**en wer**d**en **d**emnächst ausgezahlt.
Die Gel**d**- un**d** **D**evisenmärkte sin**d** über **D**atenzentren miteinan**d**er verbun**d**en.
Die Kapital**d**ecke reicht zur Ab**d**eckung **d**er **d**urchlaufen**d**en Kosten.
Er geht **d**avon aus, **d**ass **d**urch **d**en zunehmen**d**en **D**ruck, zu einer neuen Or**d**nung gefun**d**en wir**d**.
Der Vorstan**d**schef stellt sich **d**en stän**d**ig steigen**d**en Anfor**d**erungen.

Slogans

Oh, **d**u mein **D**igital. *(«Die Welt»)*
Der **D**ollar unter **D**ruck. *(«NZZ»)*
Draufbeißen. **D**urchatmen. *(Airwaves)*
Beiss **d**ich **d**urch. *(Chicolo)*
Darum **D**ell. *(Dell)*

Literatur

Da speit **d**as **d**oppelt geöffnete Haus
Zwei Leopar**d**en auf einmal aus …
Den **D**ank, **D**ame, begehr' ich nicht … *(Schiller; «Der Handschuh»)*

Donner un**d** **D**oria! *(Schiller; «Verschwörung des Fiesco zu Genua»)*

Freu**d**e, schöner Götterfunken, …
Deine Zauber bin**d**en wie**d**er,
was **d**ie Mo**d**e streng geteilt,
alle Menschen wer**d**en Brü**d**er,
wo **d**ein sanfter Flügel weilt – *(Schiller; «An die Freude»)*

Umfließen wir tauchen**d**,
tanzen**d** un**d** singen**d**,
im seligen Ba**d**e **d**ein Bett.
Rheingol**d**! *(Wagner; «Das Rheingold»)*

Denn **d**ie einen sin**d** im **D**unkeln
un**d** **d**ie an**d**ern sin**d** im Licht.
Un**d** man sieht **d**ie im Lichte,
die im **D**unkeln sieht man nicht. *(Brecht/Dreigroschenfilm, 1930)*

Redewendungen
Es geht **d**runter un**d** **d**rüber.
Drauf un**d** **d**ran.
Was **d**u **d**enkst, **d**as bist **d**u.

«T»
Zungenbrecher
Traurige **T**ypen **t**ragen **t**ausend **T**ü**t**en. **T**ausend **T**ü**t**en werden von **t**raurigen **T**ypen ge**t**ragen.
Tausend **T**änze **t**anz**t** der **t**ausendste **T**änzer.
tagaus – **t**agein, **t**reppauf – **t**reppab.

Wirtschaft
Tag für **T**ag **t**reffen wir auf neue **T**endenzen.
Mi**t** diesen **T**iteln, **T**hemen und **T**hesen **t**re**t**en wir auf der Stelle.
Transparenz ist gefrag**t**.

Das öffnet der Wirtschaft Tür und Tor.
Selten tritt eine Differenz so massiv zutage.
Trotz der umstrittenen Situation wurde der Leitantrag befürwortet.
Das hohe Tempo leitet eine Trendwende ein.
Die Turbulenzen unterstützen diese Tendenzen.
Die Tilgung ging zulasten der Transportunternehmen.
Seit einigen Tagen steht der Transporter vor dem Tor.
Der Telefonverkäufer telefoniert mit seinem Festnetztelefon.
Das Tagestief lag unter dem tiefsten Stand seit drei Monaten.
Die Konjunkturdaten fielen weit schlechter aus als erwartet.
Laut Auskunft der Marktteilnehmer trägt der
Abwärtstrend deutlich zu Konjunkturängsten bei.
Er gab den totalen Terrainverlust bekannt.
Diese technischen Faktoren übertreffen alle Erwartungen.
Der Starttermin für die Tournee ist umstritten.
Das Wetter am Sonntag: In der zweiten Tageshälfte zieht ein Tief über weite Landesteile. Die Temperaturen werden am Nachmittag deutlich tiefer sein.

Slogans

Tic Tac ist die milde Taktik. *(Tic Tac)*
Themen, Tipps und Trends zur Strategieverwirklichung! *(4managers)*
Teil deines Traums. *(Backfabrik)*
Wie der Tee, so der Tag. *(Meßmer)*

Literatur

Tod und Teufel! *(Schiller; «Die Piccolomini»)*
Und es wallet und siedet
und brauset und zischt, …
Er lebt! er ist da!
Es behielt ihn nicht! *(Schiller; «Der Taucher»)*

Hä**tt**' ich **t**ausend Arme zu rühren!
Könn**t** ich brausend die Räder führen! …
Ich schni**tt**' es gern in alle Rinden ein, …
Und sie merk**t** nich**t**s von all dem
bangen **T**reiben: …

Hervor aus eurem runden **T**or, …
Nun schü**tt**el**t** ab der **T**räume Flor, …
Die Lerche wirbel**t** in der Luf**t**;
Und aus dem **t**iefen Herzen ruf**t** …
Wir saßen so **t**raulich beisammen …
Wir schau**t**en so **t**raulich zusammen …

Und wenn sie wandel**t** am Hügel vorbei
Und denk**t** im Herzen: der mein**t**' es **t**reu!
Dann Blümlein alle heraus, heraus!
Der Mai ist kommen, der Win**t**er ist aus. …

Gu**t**e Nach**t**, gu**t**e Nach**t**! Bis alles wach**t**,
schlaf aus deine Freude, schlaf aus dein Leid!
Der Vollmond steig**t**, der Nebel weich**t**,
und der Himmel da oben, wie ist er so wei**t**. *(Wilhelm Müller/Schubert; Auszug aus: «Die schöne Müllerin»)*

Redewendungen
Tränen wecken keine **T**oten auf.
Im **T**raum gewonnen, im **T**raum zerronnen.
Trägheit mach**t** **t**raurig. (*Thomas von Aquin*)

«G (-ig) und K (ck)»

«g und k» sind gutturale Verschlusslaute, die in ihrer Bildung annähernd gleich sind. Dabei ist das «g» stimmhaft und das «k» stimmlos. Der Zungenrücken hebt sich gegen den harten Gaumen, und gleichzeitig berührt die leicht nach oben gerichtete Zungenspitze die unteren Schneidezähne von hinten. Die Zunge bildet also vorne eine Art kleiner Kuhle, während sie im hinteren Mundbereich wie nach oben gezogen steht.

Bei der «k-Bildung» ist dabei die Spannung im Zungenrücken deutlich intensiver als bei der g-Bildung. Bei der Bildung von «ck» nimmt die Spannung noch um ein Weiteres zu.

Auf eine Ausspracheregel des g weist Theodor Siebs in seinem Standardwerk «Deutsche Bühnenaussprache Hochsprache» besonders hin: Die *Silbe «ig»* wird *als Auslautsilbe und vor Konsonanten wie ich gesprochen.*

Folgt jedoch in dem Wort ein *zweites –ch* wie beispielsweise die Endung -lich *oder ein Vokal,* so wird die *Aussprache -ig beibehalten.*

Beispiel:

	gesprochen:		gesprochen:
-ig als Endsilbe	-ig **wie** -ich	König Honig ewig	Könich Honich ewich
-ig vor Konsonant	-ig **wie** -ich	Königskrone Honigkuchen	Könichskrone Honichkuchen
Ausnahme!		Königreich	Kön**ig**reich
-ig vor -lich	-ig **bleibt** -ig	königlich ewiglich	
-ig + Vokal	-ig **bleibt** -ig	Könige Königin ewige	

«G»

Zungenbrecher

Gips **g**ibts in der **G**ipsfabrik. **G**ibts keinen **G**ips in der **G**ipsfabrik, **g**ibts keinen **G**ips.
Gib **G**ido **G**riebenschmalz! **G**ibt **G**ido **G**riebenschmalz?

Wirtschaft

Guten Ta**g**. **G**eht es Ihnen **g**ut?
Das ist **g**anz und **g**ar in unserem Sinne.
Das ist **g**anz **g**e**g**en unsere Absichten.
Gute **G**äste be**g**rüßt man **g**ern.
Der **G**ast**g**eber **g**önnt sich den **G**ewinn.
Der A**g**ent ermö**g**lichte eine höhere **G**a**g**e.
Zum **G**lück **g**ab der **G**ewinner nach.
Die Me**g**atrends **g**aben die Richtun**g** vor.
Der Spie**g**el erstrahlte in neuem **G**lanz.
Das **g**anze **G**ehabe **g**in**g** mir **g**ründlich **g**e**g**en den Strich.
So **g**enannte **G**enerika werden **g**ünsti**g** **g**ehandelt.
Die **G**esellschaft ist **g**lobal anerkannt. Sie **g**ehört zu den **g**roßen **G**ewinnern.
Gelin**g**t es, den **g**eplanten **G**roßauftra**g** **g**enerell an sich zu binden?
Es **g**ibt keinen **G**rund dafür, die **G**enehmi**g**un**g** zu über**g**ehen.
Auf**g**rund des **G**esetzes wurden die **G**rauimporte unterbunden.
Es **g**in**g** ber**g**ab. Das **g**erin**g**e **G**efälle erschwerte das **G**ehen.
Der **G**eneral war **g**enial.
Der **G**eolo**g**e **g**eneralisierte **g**erne.
Gern **g**ibt er **G**ut, **G**eld und **G**old.
Auf den **G**ewinneinbruch fol**g**te ein **G**ewinnanstie**g**.
Der Anle**g**er **g**in**g** leer aus.
Die **G**ewinne **g**in**g**en in den Keller.

Ge**g**en das Mit**g**lied wurde **G**e**g**enkla**g**e erhoben.
Im **G**e**g**ensatz zu seinem **G**e**g**ner war er **g**anz **g**efasst.
Der **G**e**g**ner wurde **g**anz und **g**ar über**g**an**g**en.
Zum **G**lück **g**ab es **g**ute **G**ründe für seine **G**eduld.
Die **G**esellschaft ließ ein **G**utachten erstellen.

Slogans
Geiz ist **g**eil! *(Saturn)*
Gut, **g**ünsti**g**, **g**esund. *(AOK Sachsen)*
Mehr **G**eld fürs **G**eld. *(Bundesobligationen)*
Gut**g**emacht. **G**ut**g**elaunt. *(GU/Medien)*
Gibt Rost den Rest. *(Hammerite)*
Ganz und **g**ar **g**enießen. *(Silit)*
Gut, **G**elb, **G**ünsti**g**. *(Yello Strom)*
Gute Preise, **g**ute Besserun**g**. *(Ratiopharm)*

Literatur
Gut **g**ebrüllt; Löwe!
Gut **g**elaufen; Thisbe!
Gut **g**eschienen, Mond! …
Gut **g**ezaust Löwe! *(Shakespeare; «Ein Sommernachtstraum»)*

Guten Abend, **g**ut Nacht …
Mit Nä**g**lein besteckt, …
Mor**g**en früh, wenn **G**ott will,
wirst du wieder **g**eweckt. … *(Brentano, v. Arnim; «Des Knaben Wunderhorn»)*

Guten Abend mein Schatz,
guten Abend mein Kind … *(Brahms; «Niederrheinisches Volkslied»)*

Gesegnet sei das Grün und wer es trägt …
Ein grünes Kleid trägt mein Geliebter auch … *(Heys/Wolf; «Italienisches Liederbuch»)*

Gib mir das Glück der Geselligkeit. … *(Mayrhofer/Schubert; «Die Einsamkeit»)*

Du junges Grün, du frisches Gras … *(Kerner/Schumann; «Erstes Grün»)*

Götternot! Götternot!
Endloser Grimm!
Ewiger Gram! (*Wagner; «Die Walküre»*)

Redewendungen
Ganz und gar.
Gut und gerne.
Gelernt ist gelernt.
Glück und Glas wie leicht bricht das.
Mit Glanz und Gloria.
Guten Glaubens sein.
Der Glaube versetzt Berge.
Wers glaubt, wird selig.
Gleich und gleich gesellt sich gern.

«-IG»

Zungenbrecher
Das ist lustig. Der Fisch ist glitschig, glatschig, glutschig und flutschig.

Politik
Der König und die Königin schworen ihrem Land im königlichen Garten ewige Treue.

Heil**ig** Gefühl, ew**ig**lich, heil**ig**es Glück, sel**ig**e Tage …

Slogans

Alp**ig**, sahn**ig**, ALPIA. *(Alpia)*
Lust auf Leicht**ig**keit. *(Asparagus P)*
Einz**ig**art**ig** für eine Limousine. *(BMW 7er)*

Literatur

Heil**ig**, heil**ig** an's Herz dir sank,
habe Dank! *(von Glim/R. Strauß; «Zueignung»)*

An dir allein,
an dir hab ich gesünd**ig**t, …
Du siehst die Schuld,
die mir den Fluch verkünd**ig**t; …
Lass deinen Weg mich freud**ig** wallen
Und lehre mich dein heil**ig** Recht. … *(Gellert/Beethoven; «Bußlied»)*

Ach, wenn's nur der Kön**ig**
auch wüsst' …
für den Kön**ig** da ließ er
sein Blut … *(Mörike/Schumann; «Soldatenbraut»)*

Dein Bildnis wundersel**ig** …
Und zu dir eil**ig** zieht.
Dein Bildnis wundersel**ig** … *(Eichendorff/Schumann; «Intermezzo»)*

Dämmrung will die Flügel spreiten,
schaur**ig** rühren sich die Bäume … *(Eichendorff/Schumann; «Zwielicht»)*

so mich drücke
wonni**g**lich in meiner Brust … *(Mörike/Wolf; «Verborgenheit»)*

«K»

Zungenbrecher

Kalle **K**nopf **k**ocht **K**nödel, **K**löße, **K**lopse. **K**lopse, **K**löße, **K**nödel **k**ocht **K**alle **K**nopf im Topf.

Kra**k**auer **K**inder **k**na**ck**en **k**na**ck**ige **K**ra**k**auer **K**na**ck**würste.

Klitze**k**leine **K**inder **k**önnen **k**eine **k**na**ck**igen **K**irsch**k**erne **k**na**ck**en.

Wirtschaft

Das **k**nappe Angebot an **K**upfer drü**ck**t den **K**urs.
Die **K**osten der **K**ran**k**en**k**assen sollen durch höhere **K**assenbeiträge ausgeglichen werden.
Das **K**onzept steht fest.
Der **K**anzler**k**andidat trat vor die **K**amera.
Der **K**ompromiss steht auf der **K**ippe.
Dieser **K**unden**k**reis **k**ritisiert die von diesem **K**onzern eingesetzte **K**ommission.
Die **K**arten für das **K**onzert liegen an der **K**onzert**k**asse.
Sie **k**ann sich nicht be**k**lagen.
Der **K**ampf **k**ann beginnen.
Eine **K**ommuni**k**ation **k**onnte unterbunden werden.
Er **k**am **k**einen Schritt voran.
Die **K**onjun**k**tur flaute ab.
Er meldete den **K**on**k**urs an.
Der **K**aufmann **k**auft und ver**k**auft.
Der **K**unde **k**ündigt den **K**ampf an.
Der **K**ündigende ist **k**undig.

Slogans

Kommt schnell. **K**ommt gut. *(Call a Pizza)*
Keiner **k**üsst besser. *(Labello)*
Kli**ck**, **k**aufen, sparen. *(Rotago)*

Literatur

Wo rohe **K**räfte sinnlos walten,
da **k**ann sich **k**ein Gebild gestalten. … *(Schiller; «Das Lied von der Glocke»)*

Der **K**rieg ernährt den **K**rieg … *(Schiller; «Die Piccolomini»)*
Wär' ich ein **K**ind, ein **K**näblein **k**lein, … *(v. Droste-Hülshoff/ Cornelius; «Das Kind»)*

Des **K**aisers neue **K**leider *(Andersen; Märchen)*
Knüppel aus dem Sa**ck** *(Geb. Grimm; Märchen)*

Nur oben in des **K**önigs Schloss,
da fla**ck**erts, da lärmt des **K**önigs Tross.
Dort oben in dem **K**önigssaal
Belsatzar hielt sein **K**önigsmahl. … *(Heine; «Belsatzar»)*

Redewendungen

Mit **K**ind und **K**egel.
Er bringt sich um **K**opf und **K**ragen.
Das ist **k**lipp und **k**lar.
Er schlägt alles **k**urz und **k**lein.
Keine **K**unde vom **k**ran**k**en **K**inde.

«Q»

«q» wird immer «qu» geschrieben, aber stets *wie «kw»* ausgesprochen.

Beispiel

quietschende **Qu**inten an der **qu**irligen **Qu**elle.
(gesprochen: *kwietschende Kwinten an der kwirligen Kwelle*)

Zungenbrecher

Quark ist **Qu**ark und Schnaps ist Schnaps.

Quark ist **Qu**ark und **qu**aken ist **qu**aken.

Wirtschaft

Die **Qu**intessenz war, dass das **Qu**antum überschritten wurde.
Die **Qu**alität wird durch die **Qu**alitätsprüfung attestiert.
Aus der **Qu**elle **qu**oll **qu**irliges **Qu**ellwasser.
Diese **Qu**alifikation ist ausgezeichnet.
Die **Qu**ellensteuer bereitet manche **Qu**al.
Im dritten **Qu**artal hat er sich durch diese Ak**qu**ise **qu**alifiziert.
Das **Qu**intett spielt **Qu**inten und **Qu**arten.
Die **Qu**inta folgt auf die **Qu**arta.
Der **Qu**izmaster stellte **Qu**izfragen.

Slogans

Qualität erleben. *(Toyota Avensis)*
Die kostbare **Qu**elle. *(Vilsa)*

Literatur

Getretner **Qu**ark wird breit, nicht stark. *(Goethe; Buch der Sprüche/«West-östlicher Divan»)*

An der **Qu**elle saß der Knabe,
Blumen wand er sich zum Kranz, …
Und so fliehen meine Tage
wie die **Qu**elle rastlos hin! …
Und die **Qu**elle rieselt klar! … *(Schiller/Schubert; «Der Jüngling am Bache»)*

Wie rieseln die **Qu**ellen, …
Doch wir erwachen zu tiefer **Qu**al: …
Dieses Sinnen und Trachten
voll **Qu**al und voll Lust? … *(Tieck/Brahms; Auszug: «Die schöne Magelone»)*

Und dringt doch aus der **Qu**elle
der Brust so glühend heiß, …
Ein Licht tanzt freundlich vor mir her,
ich folg' ihm nach die Kreuz und **Qu**er. … *(Wilhelm Müller/ Schubert; Auszug: «Die Winterreise»)*

Redewendungen
Quatsch ist **Qu**atsch.
Qualität kommt von **Qu**al. *(Hans-Peter Wodarz)*

Reiblaute und Verschlusslaute

«CH»

«vorderes ch + hinteres ch (chs)»

Das «ch» bildet sich als «vorderes ch» und als «hinteres ch». Das «vordere ch» gehört in die Gruppe der Reiblaute und das «hintere ch» wird der Gruppe der Verschlusslaute zugeordnet.

Das *«vordere CH» (enger Reiblaut),* wie zum Beispiel in dem Satz «Ich lächle dich an», wird wie ein «i» gebildet, nur dass das «ch» stimmlos ist beziehungsweise durch die Reibung der Luft wahrgenommen wird. Während der Phonation berührt der weiche Gaumen den nach oben gewölbten Zungenrücken. Die Zungenspitze wiederum berührt die unteren Schneidezähne. Es folgt stets den hellen Vokalen (ä, e, i, ö, ü) und Diphthongen (ei/ai, eu/äu).

Das *«hintere ch» (Verschlusslaut)* wie im folgenden Beispiel: «Ach, die Flucht in der Nacht. – Gib Acht!» wird guttural gebildet. Das schlaff hängende Gaumensegel wird durch die herausströmende Luft in Bewegung gesetzt und schlägt dabei ständig gegen den nach oben gewölbten hinteren Zungenrücken. Ohne dieses Gegenschlagen, das einem kurzen Verschluss gleichkommt, könnte diese Lautung nicht zustande kommen. Die Zungenspitze berührt wiederum das Zahnfleisch des vorderen Unterkiefers. Es folgt den dunklen Vokalen a, o, u und dem Diphthong au.

«chs» wird wie KS ausgesprochen. chs wird unter «x» besprochen; siehe bitte dort.

«ch» in aus dem Französischen und Englischen übernommenen Wörtern wird wie in den Originalsprachen ausgesprochen, also ‹sch› respektive ‹tsch›. Im Zweifelsfall gibt der Duden Angaben zur Aussprache.

Sprü**ch**e aber Spru**ch**
Bräu**ch**e aber Brau**ch**
(vorderes ch) : (hinteres ch)

Zungenbrecher

Die Si**ch**t unter der Fi**ch**te ist di**ch**t.
I**ch** liebe di**ch**. – Liebst du mi**ch** ni**ch**t au**ch**?

Wirtschaft

Der Nächste bitte.
Zunächst einmal soll das Wa**chs**tum analysiert werden.
Der Wechsel wurde verwechselt.
Die Na**ch**wu**ch**ssu**ch**e wurde abgebro**ch**en.
Zunä**chs**t einmal wurde ein Führungswechsel ausgeschlossen.
Die wachsende Sorge bra**ch**te unerwünschte Abwechslung.
Wel**ch**e Flä**ch**e muss bere**ch**net werden?
Na**ch** und na**ch** läuft das Weihna**ch**tsgeschäft an.
Es ist aussi**ch**tslos, die zahlrei**ch**en Plätze besetzen zu wollen.
Der Konzern re**ch**net mit einem deutli**ch**en Anstieg des Gesamtüberschusses.
Dana**ch** wurde mit einer Verdreifa**ch**ung der Gewinne gere**ch**net.
In Gesprä**ch**en könnte man au**ch** dann klären, dass ni**ch**ts gebrau**ch**t wird.
Die Lösung ist bedarfsgere**ch**t und das Risiko dabei abgesi**ch**ert.
Der **Ch**ef bestimmt die Ri**ch**tung.
Er stellt si**ch** hinter di**ch**.
Die Re**ch**nung ist ni**ch**t ri**ch**tig.
Viellei**ch**t wäre es si**ch**erer, dies zur Spra**ch**e kommen zu lassen.
Der Umsatzeinbru**ch** löste Verunsi**ch**erung aus.
Berücksi**ch**tigen Sie bitte, dass er steuerpfli**ch**tig ist.
Eine einheitli**ch**e Zinssteuer ist das Wesentli**ch**e.
Der Kurs bri**ch**t ein. Die Gründe dazu sind na**ch**vollziehbar.
Wahrscheinli**ch** ist ni**ch**ts mehr auszuglei**ch**en.
Mit all dem ist ni**ch**t gesagt, wie die Wirkung na**ch** außen ist.
Er hat ni**ch**ts davon gesagt, dass er ni**ch**ts mehr brau**ch**e.

Zu Re**ch**t hat er die Interessen der Außenpolitik als oberstes Interesse bezei**ch**net. Jedo**ch** konnten in diesem Berei**ch** kaum Fortschritte verzei**ch**net werden.
Es ist no**ch** lange ni**ch**t si**ch**er, wo die Gründe liegen.
Die Ursa**ch**en sind ni**ch**t allein bei ihm zu su**ch**en.
Au**ch** andere Fa**ch**kräfte nahmen an der Debatte über das Steuerre**ch**t teil.

Slogans
Ein biss**ch**en Jubiläum ist immer. *(Aalborg)*
Hoffentli**ch** Allianz versi**ch**ert. *(Allianz)*

Literatur
I**ch** liebe di**ch**, so wie du mi**ch**, …
Au**ch** waren sie für di**ch** und mi**ch**
geteilt lei**ch**t zu ertragen;
Du tröstetest im Kummer mi**ch** …
Gott schütze di**ch**, erhalt di**ch** mir … *(Herossee/v. Beethoven; «Ich liebe dich»)*

O Bä**ch**lein meiner Liebe,
wie bist du heut so stumm!
Will ja nur eines wissen,
ein Wört**ch**en um und um.
Ja! Heißt das eine Wört**ch**en,
das andre heißet Nein,
die beiden Wört**ch**en schließen
die ganze Welt mir ein.
O Bä**ch**lein meiner Liebe,
was bist du wunderli**ch**!
Will's ja ni**ch**t weitersagen,
sag, Bä**ch**lein, liebt sie mi**ch**? *(Wilhelm Müller/Schubert; «Der Neugierige»)*

Redewendungen

Er fühlt sich weder Fisch no**ch** Fleisch.

Vorsi**ch**t! Frisch gestri**ch**en!

Alle **ch**armanten Leute sind verdorben. Das ist das Geheimnis ihres **Ch**armes. (*Oscar Wilde*)

«X» / «CHS»

«x» und «chs» werden dem gutturalen «Verschlusslaut ch» zugeordnet und *wie «ks»* gesprochen. Hierbei kommt es zwischen *weichem Gaumen und hinterem Zungenrücken* zu einem *kurzen, aber völligen Verschluss.*

Beispiel:

Mit der A**x**t schlug er die A**chs**e zu Bruch.
(gesprochen: *Mit der Akst schlug er die Akse zu Bruch.)*

Zungenbrecher

Der Whi**sk**ymi**x**er mi**x**t den Whi**sk**y im Whi**sk**ymi**x**er.

Im Whi**sk**ymi**x**er mi**x**t der Whi**sk**ymi**x**er den Whi**sk**y.

Wenn Ma**x** Wa**chs**masken mag, macht Ma**x** Wa**chs**masken nach.

Wirtschaft

Das Wa**chs**tum überraschte die E**x**perten.

Der Ima**x**-Kurs fuhr Achterbahn.

Sie berichteten e**x**klusiv über Phoeni**x**.

Die Situation war parado**x**.

Ma**x** traf **X**aver aus **X**anten in Lu**x**emburg.

Der Deutsche Aktieninde**x** Da**x** stieg deutlich an.

Der Nema**x** zog nach.

Wir haben das Ma**x**imum erreicht.

Wir stellten per E**x**press zu.

O**x**yde und To**x**ine kennen wir aus der Chemie.

Für Aktien kann gelten:
e**x**B = e**x** Bezugsrecht
e**x**D = e**x** Dividende

Slogans
Te**x**te, die Wünsche erwecken. *(Albert Gostner)*
Werden Sie E**x**pressionist! *(DPD)*
E-Si**x**t günsti**x**. *(Sixt)*

Literatur
Hat der alte He**x**enmeister … *(Goethe; «Der Zauberlehrling»)*

Die **X**enie *(griech.)* ist ein kurzes Sinngedicht. Die **X**enien nannten Goethe und Schiller ihre satirischen Kommentare und Gedichte.

Das populäre Largo «Ombra mai fu» entstammt der Händeloper »**X**er**x**es» und wird vom Titelhelden **X**er**x**es gesungen.

Xanthippe hieß die Frau des Sokrates.

Redewendungen
Von ni**x** kommt ni**x**.
Fi**x** und fertig sein.
Er steht da wie ein O**chs** vorm Berg.

«Z» (TZ)

Das **«z»** setzt sich aus *dem scharfen Reiblaut «s»,* also einem «ss» *und dem Verschlusslaut «t»* zusammen. Folgt auf «z» ein Vokal, wird «Z» weicher gebildet, als wenn auf das «z» ein «t» folgt, wie beispielsweise in den Worten:

Märzabend aber Märztag
(weich) (intensiv)

Steht vor dem «z» ein «t», also *«tz»,* gibt es einen *fließenden Übergang* von dem *«Verschlusslaut t» zu dem «Zischlaut z»,* wobei man ganz kurz auf dem «t» verweilt wie in: Kat ' ze, Tat ' ze, Het ' ze, Schät ' ze.

Zungenbrecher

Zwischen **z**wei **Z**wetschgen**z**weigen **z**witschern **z**weiund**z**wanzig **z**üchtige **Z**eisige.

Wirtschaft

Zu**z**eit ist nicht mit einem Umsat**zz**uwachs **z**u rechnen.
Die Kon**z**entration auf das **Z**iel **z**eichnet sich durch die **Z**usammenarbeit ab.
Der Kon**z**ern ist umge**z**ogen.
Die **Z**ahl der **Z**ertifikate nimmt **z**u.
Die Bilan**z** kann einen deutlichen **Z**uwachs ver**z**eichnen.
Nach der Umse**tz**ung der Vorschläge und der neuen Kon**z**eption, wurden die **Z**ahlungen über den Finan**z**pla**tz** abgewickelt.
Es sind **Z**weifel an einer baldigen **Z**inssenkung aufgekommen.
Viele Vorstände **z**iehen einen Börsenrück**z**ug vor. Somit verschwinden sie vom Kurs**z**ettel.
Die **z**weitgrößte **Z**eitung **z**ögert mit der Berichterstattung.
In dieser **Z**eitschrift stehen Original**z**itate.
Der Kon**z**ertveranstalter freute sich über die **Z**unahme der Verkaufs**z**ahlen.
Zudem konnte er Neu**z**ugänge und weitere **Z**ukäufe ver**z**eichnen.
Der **Z**usammenschluss wurde voll**z**ogen.
Zudem wies das Kon**z**ept deutlich das **Z**ukunftsgeschäftsfeld aus.
Er hatte **z**wei Pro**z**ent ab**z**ugeben.

Die Konkurrenz ist finanziell überlegen.
Die Zukunftsaussichten des Netzausrüsters sind zum Verzweifeln.
Mittels weiterer Zinssenkungen konnten die guten Verkaufszahlen zurückgewonnen werden.
In jüngster Zeit wurden die Verzweigungen zu wenig modifiziert.
Kurzfristig wurde das Potenzial ausgeschöpft.
Gerät der Arbeitgeber mit der Lohnzahlung in Verzug, sind Verzugszinsen auf den Bruttolohn zu zahlen.
Er weiß das Geld zinsbringend zu nutzen.
Die einzubehaltenden Steuern sind an die Einzugsstelle des Finanzamts abzuführen.
In der Zwischenzeit regierte er mit Zuversicht.
Der Zentralrat hat sich für eine Mehrzuteilung der Zuckereinheiten ausgesprochen.
Zurzeit zeichnet sich keine klare Linie ab.
Ich bin zuversichtlich, dass wir aus dieser Zwickmühle herauskommen. Manchmal helfen hierbei auch Zufälle.

Slogans

Gibt ihrer Zukunft ein Zuhause *(LBS)*
Bizzl auf der Zunge lacht. *(Bizzl)*
Die Zeit der Zeit … *(Uhr-Kraft)*
Käse aus der Schweiz. Gutes braucht Zeit. *(Appenzeller Switzerland)*

Literatur

Aus der Heimat hinter den Blitzen rot …
Das in die Luft sich schwinget
Und zu dir eilig zieht. …
Ich wünscht, ich wär' ein Vöglein
Und zöge über das Meer, …

Alle sind ins Tal ge**z**ogen, …
Als wollten sie was sagen
von der alten, schönen **Z**eit. …
Wolken **z**iehn wie schwere Träume …
Es **z**og eine Hoch**z**eit den Berg entlang, …
Und mich schauert's im Her**z**ensgrunde.
Übern Garten durch die Lüfte
Hört ich Wandervögel **z**iehn,
das bedeutet Frühlingsdüfte,
unten fängt's schon an **z**u blüh'n.
Jauch**z**en möchte ich, möchte weinen, … *(Eichendorff/Schumann; Auszug aus «Liedkreis op. 39»)*

Redewendungen
Wer **z**uerst kommt, mahlt **z**uerst.
Zögere und **z**audere nicht.
Po**tz** Bli**tz**!
Mit **Z**ittern und **Z**agen.
Wenn die Ka**tz**e fort ist, tan**z**en die Mäuse.

Der Wechsel von Reiblauten und Verschlusslauten in der täglichen Praxis

«CH» + «SCH» im Wechsel

Zungenbrecher

Auf den fri**sch** gestri**ch**enen Ti**sch**en liegen fri**sch**e, feu**ch**te Fi**sch**e.

Fri**sch**e Kir**sch**en knir**sch**en ni**ch**t. Knir**sch**en fri**sch**e Kir**sch**en ni**ch**t?

In der fri**sch** gestri**ch**enen Kir**ch**e gibt es fri**sch**e Kir**sch**en.

Fri**sch**e Kir**sch**en gibt es in der fri**sch** gestri**ch**enen Kir**ch**e.

Wirtschaft

Sind die Einlagen der deut**sch**en Sparer bei den Tö**ch**tern der türki**sch**-niederländi**sch**en Banken krisensi**ch**er?

Eigentli**ch** wollen si**ch** si**ch**erheitsorientierte Anleger keine Sorgen um ihre Ersparnisse ma**ch**en.

Sie si**ch**ern si**ch** aus**sch**ließli**ch** dur**ch** niederländi**sch**e Einlagensi**ch**erungsfonds ab.

Als die Zinsen in die Höhe **sch**nellten, bra**ch**en die Kurse der Anleihen ein und etli**ch**e Geldhäuser kamen in eine Liquiditätsklemme.

Die Sparer müssen ni**ch**t um ihre Einlagen für**ch**ten. Sie brau**ch**en si**ch** nur an den entspre**ch**enden Anspre**ch**partner der Banken zu wenden.

Ein Spre**ch**er der zuständigen Bank verspra**ch**, die Ent**sch**ädigung in den nächsten drei Wo**ch**en zu erstatten. Zusätzli**ch** werde die Bankenaufsi**ch**t einge**sch**altet. Unbere**ch**tigt abgebu**ch**te Gelder würden **sch**limmstenfalls umgehend gutge**sch**rieben.

Slogans

Schmeckt toll, ma**ch**t ni**ch**t voll. *(Pick Up!)*

Schnitt**ch**en werden mit Liebe gema**ch**t. *(Gutfried)*

Mit Si**ch**erheit eine gute Ent**sch**eidung. *(König + Neurath)*
Wir **sch**affen Werte in Pharma und **Ch**emie. *(Altana)*
Endli**ch** gut ge**sch**lafen. (Malie Matratzen)

Literatur

I**ch** hört ein Bä**ch**lein rau**sch**en,
wohl aus dem Felsenquell,
hinab zum Tale rau**sch**en
so fri**sch** und wunderhell.

I**ch** weiß ni**ch**t, wie mir wurde,
ni**ch**t, wer den Rat mir gab,
i**ch** musste au**ch** hinunter
mit meinem Wanderstab,

Hinunter und immer weiter,
und immer dem Ba**ch**e na**ch**,
und immer fri**sch**er rau**sch**te
und immer heller der Ba**ch**.

Ist das denn meine Straße?
O Bä**ch**lein, spri**ch**, wohin?
Wohin? Spri**ch**, wohin?
Du hast mit deinem Rau**sch**en
Mir ganz berau**sch**t den Sinn.

Was sag i**ch** denn vom Rau**sch**en?
Das kann kein Rau**sch**en sein:
Es singen wohl die Nixen
tief unten ihren Reihn.

Lass singen, Gesell, lass rau**sch**en
und wandre fröhli**ch** na**ch**!

Es gehen ja Mühlenräder
in jedem klaren Ba**ch**!
Lass singen, Gesell, lass rau**sch**en
und wandre fröhli**ch** na**ch.**
Fröhli**ch** na**ch**, fröhli**ch** na**ch**. *(Wilhelm Müller/Schubert; «Wohin?»)*

In einem Bä**ch**lein helle,
da **sch**oss in froher Eil,
die launi**sch**e Forelle
vorüber wie ein Pfeil.
I**ch** stand an dem Gestade
und sah in süßer Ruh
des muntern Fi**sch**leins Bade
im klaren Bä**ch**lein zu.

Ein Fi**sch**er mit der Rute
wohl an dem Ufer stand,
und sah's mit kaltem Blute,
wie si**ch** das Fi**sch**lein wand. … *(Schubart/Schubert; «Die Forelle»)*

Redewendungen
Au**ch** das **Sch**mei**ch**eln ist eine Kunst.
Kein Li**ch**t ohne **Sch**atten.
Armut **sch**ändet ni**ch**t.

Die Verschluß- und Reiblaute in der Praxis

«CH» + «SCH» + «S» + «SP» + «ST».

Zungenbrecher

Ri**ch**tig i**st** ri**ch**tig und fal**sch** i**st** fal**sch**.

Der Cottbusser Po**st**kut**sch**er putzt den Cottbusser Po**st**kut**sch**ka**st**en.

Wirtschaft

Erfolgrei**ch**e Men**sch**en handeln.

Er **sprich**t deine **Sprach**e.

Im An**sch**lu**ss** wurde da**s** Tage**s**ge**sch**äft be**sproch**en.

Die Anzeige **ist** ge**st**alteri**sch** no**ch** ni**ch**t ausgereift.

Die Mögli**ch**keit, **sich** auszutau**sch**en, sollte man ni**ch**t au**ssch**lie**ß**en.

Er **ist** für die **Sch**ätzungen verantwortli**ch**.

Leider konnten wir zwi**sch**enzeitli**ch** ihre **St**rategie ni**ch**t dur**ch**denken.

Glei**ch**wohl **s**ollte man mit dieser Bezei**ch**nung vor**sich**tig umgehen.

Der vorbör**s**li**ch**e Handel wird gepu**sch**t.

Da **ist** zunächst einmal das Dur**ch**bre**ch**en der magi**sch**en **Sch**allmauer zu verzei**ch**nen.

Wir **sprech**en über fanta**stisch**e **S**ummen.

Das Produkt wächst überdur**chsch**nittli**ch**.

Mit **Sich**erheit **ist** da etwa**s** zu ma**ch**en.

Du bi**st** innerhalb der Fri**st**.

Aber viel wi**ch**tiger **ist** die freundli**ch**e Ein**st**ellung zu den Wachstums- und Te**ch**nologieaktien.

Na**ch** den dramati**sch**en Kurseinbrü**ch**en i**st** ni**ch**t glei**ch** wieder mit Kur**s**an**st**iegen zu re**ch**nen.

Iss die Fi**schst**äb**ch**en mit den **St**äb**ch**en,

mit den **St**äb**ch**en i**ss** die Fi**schst**äb**ch**en.
Der Fi**sch** und da**s** Bröt**ch**en **s**ind da**s** Fi**sch**bröt**ch**en,
da**s** Fi**sch**bröt**ch**en **s**ind da**s** Bröt**ch**en und der Fi**sch**.
Da**s** Fi**schch**en liegt auf dem Ti**schch**en,
auf dem Ti**schch**en liegt da**s** Fi**schch**en.
Da**s** Ti**sch**lämp**ch**en **st**eht auf dem Ti**schch**en,
auf dem Ti**schch**en **st**eht da**s** Ti**sch**lämp**ch**en.
Schneewitt**ch**en hatte **sch**warze Haare.
Der **Sch**loss**sch**enk **s**ah mit **Sch**recken da**s** **Sch**lossge**sp**en**st** auf
dem **Sch**losses**sch**orn**st**ein **st**ehen.
Si**ch**erli**ch** hatte er verge**ss**en, da**s** Li**ch**t auszu**sch**alten.

Slogans
Einfa**ch** magi**sch**. *(T-com)*
Lu**st** auf **Sch**iff. *(Arosa)*
Für **Sch**laubu**ch**er. *(Avigo)*
Stark für die Na**ch**t. *(Baldriparan)*
Erlaubt i**st**, was **Sp**a**ß** ma**ch**t. *(Balisto)*
Surfen. **Sp**ielen. Und gewinnen. *(CyberLotto)*
Sorgt vor. Wirkt na**ch**. *(Diasporal)*

Literatur
Sau**s**ende**s**, brau**s**ende**s** Rad der Zeit,
Me**ss**er du der Ewigkeit,
leu**ch**tende **S**phären im weiten All,
die ihr umringt den Weltenball,
urewige **Sch**öpfung, halte do**ch** ein,
genug de**s** Werden**s**, la**ss** mi**ch** **s**ein.

Halte an di**ch**, zeugende Kraft,
Urgedanke, der ewig **sch**afft.
Hemmet den Atem, **st**illet den Drang,
schweiget nur eine **S**ekunde lang.

Schwellende Pul**s**e, fe**ss**elt den **Sch**lag,
Ende de**s** Wollen**s**, ewger Tag …
Da**ss** in **s**elig **süß**em Verge**ss**en
Ich mög alle Wonnen erme**ss**en! … *(Wesendonk/Wagner; «Steh still»)*

Redewendungen

Sein geht über **Sch**ein.
Wer unter **Sprach**losen da**s** letzte Wort haben will, mu**ss** **sch**weigen können.
Scherz und **Sp**iel **ist** ni**ch**t de**s** Leben**s** Ziel.
Selb**st**erkenntni**s** **ist** der er**st**e Weg zur Be**ss**erung.
Spare wa**s**, dann ha**st** du wa**s**.
Stil **ist** die **S**umme **s**einer Teile.
Strafe mu**ss** **s**ein.
Der Böse **st**raft **sich** **s**elb**st.**

«TR» + «TZ»

Die Ka**tz**e **tr**itt die **Tr**eppe krumm.
Die Wi**tz**e **tr**afen ihn wie Bli**tz**e.
Die Ma**tr**a**tz**e liegt neben dem **Tr**ampolin.
Der Nu**tz**en des **Tr**afos für diesen **Tr**akt ist ungewiss.
Le**tz**tens **tr**af er Franz in der Si**tz**ung.

Redewendungen

Auf der Stelle **tr**eten.
Träume sind Schäume.
Auf **Tr**eu und Glauben.
Er **trotz**t entgegen aller Vernunft.
Alles ist zu etwas nü**tz**e.

Vokale im Wechsel

Der Handschuh
Vor seinem Löwengarten,
das Kampfspiel zu erwarten,
saß König Franz,
und um ihn die Großen der Krone,
und rings auf hohem Balkone
die Damen in schönem Kranz.

Und wie er winkt mit dem Finger,
auf tut sich der weite Zwinger,
und hinein mit bedächtigem Schritt
ein Löwe tritt
und sieht sich stumm
rings um,
mit langem Gähnen,
und schüttelt die Mähnen
und streckt die Glieder
und legt sich nieder.

Und der König winkt wieder,
da öffnet sich behend
ein zweites Tor,
daraus rennt
mit wildem Sprunge
ein Tiger hervor.
Wie der den Löwen erschaut,
brüllt er laut,
schlägt mit dem Schweif

einen furchtbaren Reif
und recket die Zunge,
und im Kreise scheu
umgeht er den Leu
grimmig schnurrend;
drauf streckt er sich murrend
zur Seite nieder.

Und der König winkt wieder,
da speit das doppelt geöffnete Haus
zwei Leoparden auf einmal aus,
die stürzen mit mutiger Kampfbegier
auf das Tigertier;
das packt sie mit seinen grimmigen Tatzen,
und der Leu mit Gebrüll
richtet sich auf – da wird's still.
Und herum im Kreis,
von der Mordsucht heiß,
lagern sich die greulichen Katzen.

Da fällt von des Altans Rand
ein Handschuh von schöner Hand
zwischen den Tiger und den Leun
mitten hinein.

Und zu Ritter Delorges spottenderweis'
wendet sich Fräulein Kunigund:
«Herr Ritter, ist Eure Lieb' so heiß,
wie Ihr mir's schwört zu jeder Stund'
ei, so hebt mir den Handschuh auf.»

Und der Ritter in schnellem Lauf
steigt hinab in den furchtbarn Zwinger

mit festem Schritte,
und aus der Ungeheuer Mitte
nimmt er den Handschuh mit keckem Finger.

Und mit Erstaunen und mit Grauen
sehen's die Ritter und Edelfrauen.
Und gelassen bringt er den Handschuh zurück.
Da schallt ihm sein Lob aus jedem Munde,
aber mit zärtlichem Liebesblick –
er verheißt ihm sein nahes Glück –
empfängt ihn Fräulein Kunigunde.
Und er wirft ihr den Handschuh ins Gesicht:
«Den Dank, Dame, begehr' ich nicht!»
Und verlässt sie zur selben Stunde.
(Friedrich Schiller)

Konsonanten im Wechsel

Zum Sehen geboren
Zum Sehen geboren,
zum Schauen bestellt,
dem Turme geschworen,
gefällt mir die Welt.

Ich blick' in die Ferne,
ich seh' in der Näh
den Mond und die Sterne,
den Wald und das Reh.

So seh' ich in allen
die ewige Zier,

und wie mir's gefallen,
gefall' ich auch mir.

Ihr glücklichen Augen,
was je ihr gesehn,
es sei wie es wolle,
es war doch so schön!
(Johann Wolfgang Goethe)

Belsatzar

Die Mitternacht zog näher schon:
in stummer Ruh lag Babylon.

Nur oben in des Königs Schloss,
da flackerts, da lärmt des Königs Tross.

Dort oben in dem Königssaal
Belsatzar hielt sein Königsmahl.

Die Knechte saßen in schimmernden Reihn
und leerten die Becher mit funkelndem Wein.

Es klirrten die Becher, es jauchzten die Knecht;
so klang es dem störrigen Könige recht.

Des Königs Wangen leuchten Glut;
im Wein erwuchs ihm kecker Mut.

Und blindlings reißt der Mut ihn fort,
und er lästert die Gottheit mit sündigem Wort.

Und er brüstet sich frech und lästert wild;
die Knechtenschar ihm Beifall brüllt.

Der König rief mit stolzem Blick;
der Diener eilt' und kehrt' zurück.

Er trug viel gülden Gerät auf dem Haupt;
das war aus dem Tempel Jehovahs geraubt.

Und der König ergriff mit frevler Hand
einen heiligen Becher, gefüllt bis am Rand.

Und er leert ihn hastig bis auf den Grund,
und rufet laut mit schäumendem Mund:

Jehovah! Dir künd ich auf ewig Hohn; –
ich bin König von Babylon!

Doch kaum das grause Wort verklang,
dem König ward's heimlich im Busen bang.

Das gellende Lachen verstummte zumal:
es wurde leichenstill im Saal.

Und sieh! Und sieh! An weißer Wand,
Da kam's hervor wie Menschenhand!

Und schrieb und schrieb an weißer Wand
Buchstaben von Feuer und schrieb und schwand.

Der König stieren Blicks da saß,
mit schlotternden Knien und totenblass.

Die Knechtenschar saß kalt durchgraut
und saß gar still, gab keinen Laut.

Die Magier kamen, doch keiner verstand
zu deuten die Flammenschrift an der Wand.

Belsatzar ward aber in selbiger Nacht
Von seinen Knechten umgebracht.
(Heinrich Heine)

Muhme Rähle

Muhme Rähle hatte einen Garten
und das war ein Wundergarten.
In dem Garten stand ein Baum
und das war ein Wunderbaum.
Dieser Baum hatte Äste
und das waren Wunderäste.
An den Ästen waren Zweige
und das waren Wunderzweige.
An den Zweigen waren Blätter
und das waren Wunderblätter.
In den Blättern war ein Nest
und das war ein Wundernest.
In dem Nest da stand ein Bett
und das war ein Wunderbett.
Vor dem Bett da stand ein Tisch
und das war ein Wundertisch.
Auf dem Tisch da lag ein Buch
und das war ein Wunderbuch.
In dem Buche stand geschrieben:
Du sollst weiter fleißig üben.
(mündlich überliefert)

Dunkel wars …

Dunkel wars der Mond schien helle,
Schnee lag auf der grünen Flur,
als ein Auto langsam, blitzesschnelle,
geradeaus um die Ecke fuhr.

Drinnen saßen stehend Leute,
schweigend ins Gespräch vertieft,
als ein blank geschorener Hase
auf der Wiese Schlittschuh lief.

Und auf einer roten Bank,
die blau angestrichen war,
saß ein blond gelockter Jüngling
mit kohlrabenschwarzem Haar.

Neben ihm ne alte Schachtel,
die kaum zählte sechzehn Jahr,
und sie aß ein Butterbrot,
das mit Schmalz bestrichen war.

Droben auf dem Apfelbaume,
der sehr süße Birnen trug,
hing des Frühlings letzte Pflaume,
die auch schon verschwunden war.
(mündl. überliefert, in Anlehnung)

Internationales Phonetisches Alphabet (IPA)

Die Internationale Phonetische Gesellschaft (Association Phonétique Internationale) hat zur völkerübergreifenden Verständigung und zur Erleichterung der raschen Auffassung und Umsetzung der Ausspracheregeln das Internationale Phonetische Alphabet entwickelt. Da das IPA genauso für die deutsche Sprache gilt, ist es hier als zusätzliche Aussprachehilfe angeführt.

Die Vokale			
hell			
I, E, A, Ä	**I**	[i]	der Ritter bittet …
		[iː]	die Biene liegt …
	E	[ɛ]	fett, nett, Essig ess …
		[eː]	Seele, beten, See, Beet,
	A	[a]	Hanne, Kanne
		[ɑː]	Bahn fahren
	Ä	[ɛː]	Äpfel, Äste, Gedächtnis, Nächte, Mädchen
dunkel			
O, Ö, U Ü	O	[ɔ]	Offen, hoffen
		[oː]	so, froh, Ofenrohr
	Ö	[œ]	Böse stören öfter …
		[øː]	höher, Höhle, stöhnt, tönt
	U	[ʊ]	Mutter, Futter, Kutter
		[uː]	unten am dunklen Ufer
	Ü	[ʏ]	Flüstern, Küsse, Nüsse
		[yː]	sündige Gründe, grüne Blüten, Hüte

Doppellaute			
AI+EI, AU, ÄU+EU	**AI+EI**	[æ]	M**ai**, **Ei**, fr**ei**, m**ei**n, d**ei**n, M**ai**n
	AU	[ao]	M**au**er, L**au**er, B**au**m, Sch**au**m, **au**! Mi**au**!
	ÄU+EU	[ɔø]	h**eu**te, L**eu**te, H**äu**te, Br**äu**te, **Äu**ßerung

Die Konsonanten			
Klinger			
J, L, M, N (NG), **R, W** (V)	**J**	[j]	**j**a, **j**edermann,
	L	[l]	**L**ust, **L**ast, woh**l**, Hö**ll**e
	M	[m]	**m**eine **M**utter, Schlu**m**-**m**er
	N	[n]	**n**ie u**n**d **n**immer, **n**ahe**n**
	NG	[ŋ]	Sa**ng**, Kla**ng**, la**ng**e, ju**ng**
Zungen-spitzen-R	**R**	[r]	**r**ote **R**osen, we**r** **r**astet, **r**ostet
Gaumen-R		[ʀ]	**r**ote **R**osen, we**r** **r**astet **r**ostet
	W (V)	[v]	**w**ogende **W**ellen, **W**ider-**w**ille, **w**elche **V**ase, Ka**v**alier
		[w]	im Englischen: w̲ell, w̲e are w̲aiting …

Reiblaute			
H, vorderes CH, SCH, (Sp, St) **S, F + V** (PF), **Z** (TZ)	**H**	[h] [:]	**H**und, Ru**h**e ['ru:ə]
	CH	[ç]	**ich, dich, Ch**emie
	SCH	[ʃ]	fri**sch**en Fi**sch**, **sch**öner **Sch**luss
	SP	[ʃp]	**Sp**ort, **Sp**arte, **sp**eziell
	ST	[ʃt] [st]	**St**reik, **St**rom, **st**rikt Lu**st**, Fru**st**
	S	[z] [s]	satte **S**umme, Rei**s**e Nu**ss**/Nü**ss**e
	F	[f]	**f**rische **F**ische
	V	[f]	**v**iele **V**äter
	PF	[pf]	**Pf**and, **Pf**arrer
	Z	[ts]	**z**ehn **Z**iegen **z**ogen **z**um **Z**oo
	TZ	[ts]	Ka**tz**e

Verschlusslaute			
B + P, D + T, G + K (CK), **Q, X** (CHS), **hinteres CH**	**B**	[b]	**b**unt, **b**ar, **B**ank
	P	[p]	**P**aar, **P**erson, **P**o**pp**
	D	[d]	**d**a, **d**ir, **D**ank
	T	[t]	**T**ermin, **T**ak**t**, **T**anz
	G	[g]	**g**ern, **G**las, **G**old
	K	[k]	**K**ind, **K**onzert, **K**reis
	CK	[k]	ku**ck**u**ck**
	Q	[kv]	**q**uer, **Q**uelle
	X	[iks]	**X**-A**chs**e, **X**-Beine
	CHS	[ks]	O**chs**e, Wa**chs**, Fu**chs**
	CH	[x]	mit A**ch** und Kra**ch**

Beispiele nach dem Internationalen Phonetischen Alphabet geschrieben:

quietschende Quinten, quirlige Quelle

[kvi:tʃəndə kvintən, kvirligə kvɛllə]

Alle Aale aalen sich in Ahlen in Westfalen.

[alə a:lə a:len ziç in a:len in vɛstfa:lən]

Literaturverzeichnis:

ALLESCH, C. G.: Untersuchungen zum Einfluß von Musik auf Puls- und Atmungsfrequenz. Z.: Klein. Psychologie und Psychotherapie 4, 1981, S. 353–382.

AUERBACH, KARL.; S. ISRAEL: Noch einmal zur Atmung beim Ausdauerlauf. In: Körpererziehung, Berlin 38, 1988, S. 198–201.

BEHR, R.: Bewegen und sprechen. In: Rhythmik i. d. Erziehung., 1984, S. 19–25.

BIRKENBIHL, VERA F.: Rhetorik 5. Aufl. Urania, Berlin 1998.

BLENSDORF, O.: Praxis der Rhythmik und Körpertechnik. Bd. I: Kindliche Erzählung zum handelnden Erleben. Bd. II: Kindergarten und Grundschule, Blensdorf, Bad Godesberg.

BRADSHAW, J. L.: Funktionsteilung des Gehirns. In: Musikpsychologie, Hg.: Bruhn, H. et al., Urban und Schwarzenberg, München 1985, S. 70–78.

BRIX, R.: Neuropsychologische Grundlagen der Rhythmuswahrnehmung. In: Das Instrumentalspiel, Hg.: Widholm, G., Nagy, M., Doblinger, Wien 1989, S. 251–261.

BUHOLZER MEIER, SONJA A.: Frauenzeit – Erfolgsstrategien für Gewinnerinnen. Orell Füssli, Zürich 2000.

BUNDESANSTALT FÜR ARBEIT (HG.): Psychotherapie und verwandte Gebiete 1989. In: Bildung und Beruf. 115 BW Verlag, Nürnberg 1988.

EPSTEIN, D.: Time and Timing in Music: Musical and Neurological Aspects. In: Musik-Gehirn-Spiel, Hg.: Petsche, H., Birkhäuser, Basel 1989, S. 153–162.

EISNER MICHAEL D.: Von der Micky Maus zum Weltkonzern. Heyne, München 2000.

FRICKE, J.: Klangbreite und Tonempfindung. In: Musik Psychologie, Jahrbuch der dt. Gesellschaft für Musikpsychologie, Bd. 5. Hg.: Behne, K.-E., et al., Florian Noetzel Verlag, Wilhelmshaven 1988, S. 67–87.

FÖRSTER, A.: Atmung und Bewegung: Über die psychophysiologische Wirkung von Atemübungen auf den Organismus. Körpererfahrung in traditionellen Sportarten. Putty, Wuppertal 1986, S. 268–283.

GERG, K.: Musik, Sprache, Bewegung. Prögel, Ansbach 1982.

GOLDMAN, D.: Emotionale Intelligenz. Carl Hanser, München 1996.

GOLDMANN, H.: Erfolg durch Kommunikation. Econ, Düsseldorf 1996.

HENKEL, H.-O.: Die Macht der Freiheit. Econ, Düsseldorf 2000.

JACOBS, D.: Innenbewegung durch Außenbewegung. Sportwissenschaft und Sportpraxis. Band 46.

ISRAEL, S.: Rationelle Atemtechnik beim Lauf. Leichtathletik, Berlin 11, 1984, S. 11–12.

KIENBAUM, G.: Am Anfang war der Rat. Ullstein, Frankfurt a. M. 1995.

KÜCHLE, E.: Menschenkenntnis für Manager. Langen-Müller/Herbig, München 1990.

MARTINI, A.: Topographische Darstellung bei Liedern. Martini-Verlag, Köln 1995

MARTINI, A.: Vocal Coaching versus Botox. Spirali, Mailand.

MARTINI, A.: Stress in der Stimme. Spirali, Mailand.

MOHLER, A.: Die 100 Gesetze überzeugender Rhetorik. Langen-Müller/Herbig, München 1989.

MOLCHO, S.: Körpersprache im Beruf. Goldmann, München 1997.

PETERS, U. H.: Übertragung – Gegenübertragung. Kindler, München 1977.

PETSCHE, H.: Gehirnvorgänge beim Musikhören und deren Objektivierung durch das EEG. In: Musik Psychologie, Jahrbuch der dt. Gesellschaft für Musikpsychologie, Bd. 4. Hg.: Behne, K.-E., et al., Florian Noetzel Verlag, Wilhelmshaven 1987, S. 7–28.

PLATZEK, R.: Zum Problem der Zeit und Zeitbestimmtheit im musikalischen Tempo. Rodopi, Amsterdamm 1989.

Schumacher, G.-H.: Funktionelle Anatomie des orofazialen Systems. Dr. Alfred Hüthig, Heidelberg 1985.

Schurian, W.: Psychologie ästhetischer Wahrnehmungen. Selbstorganisation und Vielschichtigkeit von Empfindung, Verhalten und Verlangen. Westdeutscher Verlag, Opladen 1986.

Seiwert, Lothar J.: Wenn Du es eilig hast, gehe langsam. Campus, Frankfurt 1999.

Slogans: *www.slogans.de*

Tannen, Deborah: Warum sagen Sie nicht, was Sie meinen? Mosaik/Goldmann, München 2000.

Wagner, H., Sander, K.: Zur kommunikativen Wirkung von Singstimmen. In: Musik Psychologie, Jahrbuch der dt. Gesellschaft für Musikpsychologie, Bd. 7. Hg.: Behne, K.-E., et al., Florian Noetzel Verlag, Wilhelmshaven 1990, S. 97–116.

Wüst, H. W.: Sprüche und Widersprüche. ClassicConcerts Verlag 2002.

Zungenbrecher, Redewendungen, Reime: Sofern nicht zugeordnet, mündlich überliefert und von Anna Martini.

Trackangaben der Audio-CD

Track	Übungen	
	Atemübungen	Seite 20 ff.
01	ptk-Übung	
02	t lll ch-Übung	
03	t d ch-Übung	
04	Ausdauertraining was, das, Fass …	
05	Ausdauertraining mit Stoppuhr	
06	Hecheln	
	Resonanzübungen	Seite 28 ff.
07	L-Übung	
08	M-Übung	
09	N-Übung	
10	W-Übung	
	Artikulationsübungen	Seite 35 ff.
11	Bi-Übung	
12	Mi-Übung	
13	Ni-Übung	
14	Wi-Übung	
15	Li-Übung	
	Positionierungsübungen	Seite 40
16	mi, ni, wi, li	
	Übungstexte	(Beispiele)
	Vokal «A»	Seite 63
17	1. Übungsschritt langer Vokal	
18	2. Übungsschritt Sound	
19	3. Übungsschritt Dynamik	
20	4. Übungsschritt Flüstern	
	Vokal «I»	Seite 71
21	1. Übungsschritt langer Vokal	
22	2. Übungsschritt Sound	

23	3. Übungsschritt Dynamik
24	4. Übungsschritt Flüstern
	Konsonant «M» Seite 97
25	1. Übungsschritt langer Konsonant
26	2. Übungsschritt Sound
27	3. Übungsschritt Dynamik
28	4. Übungsschritt Flüstern
	Konsonant «W» Seite 107
29	1. Übungsschritt langer Konsonant
30	2. Übungsschritt Sound
31	3. Übungsschritt Dynamik
32	4. Übungsschritt Flüstern
	Zungenbrecher Seite 55 ff
33	**«A»**
34	**«Ä»**
35	**«E»**
36	**«I»**
37	**«O»**
38	**«Ö»**
39	**«U»**
40	**«Ü»**
41	**«Ai + EI»**
42	**«AU»**
43	**«ÄU + EU»**
44	**«B»**
45	**«D»**
46	**«F»**
47	**«G»**
48	**«H»**
49	**«J»**
50	**«L»**
51	**«M»**

52	**«N»**
53	**«P»**
54	**«QU»**
55	**«R»**
56	**«S»**
57	**«CH» + «SCH»**
58	**«SP»**
59	**«ST»**
60	**«T»**
61	**«TR» + «TZ»**
62	**«V»**
63	**«W»**
64	**«X»/«-CHS» + «SK»**
65	**«Z»**

Für weiter Informationen, Seminare und Coachings steht die Autorin unter folgender Adresse zur Verfügung:

Dr. Anna Martini
AMCC Institut für Stimme und Rhetorik
Joseph-Stelzmann-Straße 62
D-50931 Köln
Telefon: ++49 (0)221 44 63 66
E-Mail: office@vocal-coaching.com
Internet: http://www.vocal-coaching.com